U0898896

3分钟打动人心的销售技巧

刘瑞军◎编著

CFP 中国电影出版社

图书在版编目（CIP）数据

3分钟打动人心的销售技巧 / 刘瑞军编著 . -- 北京：中国电影出版社，2017.2（2019.6重印）

ISBN 978-7-106-04644-6

Ⅰ. ① 3… Ⅱ. ①刘… Ⅲ. ①销售－方法 Ⅳ. ① F713.3

中国版本图书馆 CIP 数据核字 (2016) 第 319800 号

责任编辑：纵华跃
封面设计：元明设计
版式设计：别有天地
责任校对：蔡 践
责任印制：庞敬峰

3分钟打动人心的销售技巧
刘瑞军 编著

出版发行：中国电影出版社（北京北三环东路 22 号）邮编 100013
电话：64296664（总编室） 64216278（发行部）
E-mail：cfpygb@126.com
经 销：新华书店
印 刷：三河市嵩川印刷有限公司
版 次：2017 年 2 月第 1 版 2019年6月北京第4次印刷
规 格：开本 / 710×1000 毫米 1/16
印张 / 15 字数 / 238 千字

书 号：ISBN 978-7-106-04644-6 / F · 0029
定 价：32.80 元

前言

Preface

销售与我们的生活息息相关，有人对销售员避如蛇蝎，而有人则对销售员笑脸相迎。原因何在？其实，不是人们对销售员心存芥蒂，而是作为销售员，你无法真正了解你的客户。

就销售行业而言，业绩是衡量一名销售员能力的唯一标准。业绩不好，再努力也于事无补，没有哪家公司愿意养一个无法创造价值的员工。销售是一项既简单又复杂的工作，如果能准确掌握客户的心理，那么，销售中遇到的问题就可以迎刃而解。与其他工作相比，销售的自主性更强，有着较大的能力发挥空间。

在实际的工作中，为什么有的销售员起早贪黑，每天不停地在拜访客户，可多是吃闭门羹？除了被同事冷嘲热讽外，还担心被上司炒鱿鱼。为什么有的销售员入行时间虽短，却后来者居上，取得了业绩，得到了上司的赞许？

为什么有的销售员苦口婆心说了半天，客户不但不动心，反而冷漠地下了逐客令？为什么有的销售员刚刚与客户见面，就如老朋友一般相处自如？

这一切都要归结于销售员的销售技巧，娴熟的销售技巧可使销售员三分钟就走进了客户的心里。

其实，无论是何种形式的销售，都需要一定的策略与技巧。如果只是依靠单一的销售模式，是无法在这个竞争激烈的市场中存活的。现如今，产品同质化日趋严重，摆在客户面前的选择越来越多，如何才能在竞争中占得一席之地，对于每一个销售员来讲都是一个巨大的挑战。

销售员奋战在企业的第一线，面临着诸多问题，如寻找客户、约见客户、沟通谈判、异议处理……如果准备不够充分，在面对客户提出的问题时就会因手足无措而丧失机会。

生活中，我们可以自由地选择自己的朋友，但作为销售员没有选择客户的权利。只有掌握一定的销售技巧，不同的客户需使用不同的销售模式，才能临危而不乱，自信地与客户交流，走进客户心里，赢得客户的信任，进而达成交易。

销售有没有技巧，答案是不言而喻的。对于销售员而言，打动客户的心，只需要三分钟。作为销售员，都想成功，都想成为业绩王，可是，客观地讲，即便是最优秀的销售员也有销售失败的时候。因此，不要奢望可以将所有的客户收入囊中，也不要为遇到某些困难或障碍而沉沦。销售是由人来完成的，人的行为又受心理因素的影响，在购买过程中，心理对于购买决策起到了决定性作用。而人的心理则最为复杂，但并非无规律可循。掌握一定的策略与技巧，就可以在销售中游刃有余，其中，快速打动人心是最为关键的技巧。

如何快速开发客户？如何在最短的时间内打动客户？如何让谈话事半功倍？如何让你的产品取得客户的兴趣？如何让客户说“我愿意”？这些都是作为销售员急需解决的问题，而只要掌握了这些，就能在短时间内激发客户的购买欲望，进而快速地成交。

目录

Contents

第一章　寻找你的“另一半”——快速开发客户技巧

第二章　用“话聊”打动对方——电话高效沟通技巧

第三章 巧妙“约会”——从容接近客户技巧

第四章 让“见面”不再尴尬——“如故”销售开场技巧

第五章 走进对方的“心里”——无戒感情沟通技巧

第六章 体现你的“与众不同”——优势产品展示技巧

第七章 有时无声胜有声——意在言外的沟通技巧

第八章 让对方感受你的“抢手”——物美价廉谈判技巧

第九章 转化你的“不足”——方圆异议处理技巧

第十章 赢得“我愿意”——快速绝对成交技巧

第一章

寻找你的“另一半”
——快速开发客户技巧

你将在本章学到：

- 快速找到客户群
- 高效运用客户开发渠道
- 如何快速确定潜在客户

关键词： 客户开发　客户群　开发渠道　辨识客户

1. 客户资源：客户资源区域划分

对于企业来讲，无论大小，当产品问世，就面临着销售问题。面对庞大的客户群，如何才能找到属于自己的客户？

试想一下，当产品入驻店铺，却发现，行人只从门前过，连瞥一眼的动作都没有，还谈何销售？且不论世界人口，就中国而言，由于地域的差异，消费习惯的不同，造就了相同产品在不同地域的销售额也不同。客户是个相对复杂且庞大的群体，加之对某类产品或是某个品牌相对偏好，都会直接影响到产品的销售。

如果对自身产品定位不明确，对客户资源不了解，是很难将产品销售出去的。

要使产品快速找到买家，就需要对客户资源进行划分。对客户进行区域划分，使企业能够快速找出谁是目标客户，目标客户有怎样的消费方式，然后集中资源展开对目标客户的营销。

区域划分的主要目的

俗语说："物以类聚，人以群分。"区域划分肯定有其目的所在。

1. 利于销售。面对较小的消费者群体，区域划分可以更利于满足这部分人的需求。一般情况下，这一群体有着显著的相同特征，如相同的利益、相同的爱好、相同的性别及年龄等。

2. 较强的针对性。对目标市场及潜在市场的有效识别，当有新产品上市，利用准备的市场定位，便可增强竞争力，而且对于成熟产品有相当大的帮助，可以寻找到新的客户资源。

3. 有效性。区域划分找出最有利的目标市场，然后将市场资源投入到最有实力的竞争市场，高效地提供产品、价格、促销及销售渠道。这样做不仅可以避免信息的错误传递导致的严重后果，而且可以避免将信息传递给不适当的消费者，以免浪费资源。

随着企业竞争愈发激烈，除了开发出有竞争力的产品，划分客户资源也是行之有效的方法，可以提高企业的竞争力。

但是，在进行客户资源划分的过程中，很多企业存在一定的误区，比如，客户划分不够恰当，这样不仅造成营销资源的浪费，同时也对企业运营毫无帮助。再比如，将客户资源划分当作一劳永逸的事，以为客户需求是一层不变的，进而丢掉客户，其实有效的资源划分过程很漫长，需要不断做精细的调整。

找到经营重点，便可以集中进行营销，这样大大节省了成本。对客户资源进行分析，便可以知道去哪里找自己的客户。这样做不仅节省资金，避免浪费，而且命中率很高。

客户资源区域划分步骤

世界在发展，社会在进步，产品要想跟上时代，便需要不断迎合消费者的需求。现如今，产品更新换代的速度也是令人咋舌，而且同类型的产品多得让人眼花缭乱。企业之间的竞争与其说是产品的竞争，不如说是优质客户的竞争。所以说，对客户资源进行有效划分是非常有必要的，也是提高企业竞争力最为有效的手段之一，那么，该如何对客户资源进行有效划分呢？

1. 对划分目标进行明确分析。关注客户资源是短期还是长期，在划分方法上存在着较大的差异。比如说一些典型的目标，可针对其需求设计出针对性的产品及服务，以此来促进销售，提升运营效率等。

2. 根据目标客户来确定所需的资源与方法。

3. 选择适合的可行方法。在选择可行方法时会受到企业资源的限制，而且，可行方法不一定就是最适合的，也不一定有效，但却是为划分客户资源做最有利的保障。

4. 将有效数据利用起来。不过值得注意的是，现存的数据不一定就是最完备的，而且不一定有效，错误或是不完备的数据都有可能带来错误的结果。

5. 对客户资源的稳定性进行细分。这需要分层的多维指标进行交叉比对才能获得，当然，并非越复杂越好，最主要的是找到真正的稳定与显性的划分指标。

6. 对划分客户资源的特征进行描述。

7. 在实践应用过程中验证划分的有效性。

8. 划分客户资源只是一个过程，随着时间的推移，市场会不断发生变化，而客户划分也会失去原有的效果。随着时代的进步，客户也会发生变化，所以，划分方法也需要不断调整与优化。

在对客户资源进行划分的过程中，需要讲究一定的方法，从不同的角度进行划分。比如，客户想要什么样的服务？愿意为此支付多少费用？客户希望以何种方式得到这些服务？再比如，不同客户对产品使用情况的反馈和利润如何？客户相对集中的地方在哪里？不同客户其外在特征是什么？

在做划分时，可以用访谈的方式，也可以对主要的态度进行假设性分析，这样便于了解用户对产品的态度信息，并进行有效的定位。

2. 互联网渠道：网络渠道快速开发

现如今，借助网络渠道来打通销路已经不是什么新鲜事了。与传统渠道相比，互联网时代的到来，让一切都变得更加便捷。建立网络平台进行销售已经是很多企业的必要选择。网络经济下，企业将面临着巨大的挑战，同时，也会有意想不到的机遇。网络渠道对企业的发展起到至关重要的作用，时刻关注网络动态是非常必要的。

就中小型企业来讲，网络渠道就如一个放大器，为其提供了更为快速的发展平台。可是，网络市场也并不如想象中的那么简单，很多信息都是真伪难辨，面对复杂的客户群体，我们就要有选择性地、严谨地摘取自己需要的那部分，并通过有效渠道维护和发展，这便是网络渠道开发的最主要目的。

通常来讲，网络渠道分为两种，即自有渠道和合作渠道。其中，公司的官方网站便是最具价值意义的自有渠道，是客户了解公司及产品最直接且最方便的平台。所以，建构最适合自己的网站对于一个企业来讲非常重要。这就需要企业有一个正确的定位，通过对产品特点、消费群体分布、主要市场等的分析，做出针对性的布局和图文介绍，最重要的是要突出企业产品与竞品的不同，产品的独特性将会成为最大的卖点。而且在建立网站的时候一定要迎合目标客户的消费习惯，不要让他们觉得繁杂、难操作，找了半天也找不到自己想了解的内容，那么，即便是对产品感兴趣，也很难产生购买的欲望。

网络渠道不同于传统渠道可以面对面的交流，能够随时了解客户心理动态，进而选择下一步的措施，这就要求我们在如何吸引客户点击进入，如何引导客户进行深度了解等方面多下功夫，这对企业官网的构建非常重要。

网络渠道的特点

在网络渠道没有发展之前，中间商在传统的营销渠道中占着非常重要的地位，其在产品进入市场方面起到了举足轻重的作用。网络渠道的建立，压缩了中间渠道，信息交换更加高效，运营成本大大降低，在增加销售额的同时，利润也随之增加。其服务宗旨是：以客户为中心。只有让客户觉得好，企业才能好起来。这就需要加强企业与消费端之间的互动，及时获取市场信息，随时做好对营销战略的调整，以满足消费者的市场需求，这样才能将企业经营风险降到最低。

网络渠道的建立

同时，网络营销渠道的建立也非常重要。网络渠道使企业直接面对消费者，产品展现在消费者的面前，对于相关的信息咨询可以及时回复，进而接受订单。网络营销渠道的建立对寄售及销售代理要求很高，这就需要做到以下几点：

1. 产品展示区的设立。通过网络将产品以立体形象展现在虚拟的产品橱窗里，供客户观看、选择。要降低库存，就需要建立完善的订货系统。而且考虑到各国的文化及季节需求，提供24小时的客户服务。

2. 销售代表的选择。网络直通世界，所以，企业需在各地建立相应的代理网点，以保证销路的畅通。

3. 和银行结算联网。试想一下，如果客户选取了产品，却无法付款，或是付款受限，那将是很糟糕的。所以，网络渠道的建立需要开发网络结算系统，可以让消费者轻松进行网上购物及支付。

4. 产品配送。通常来讲，产品有有形产品和无形产品。快递公司的迅速崛起也使得有形产品的配送更为方便，这也是网络销售快速发展的另一个原因。对于无形产品如软件、服务等可以直接通过网上进行配送。

网络渠道的建立需注意以下几点：

1. 站在客户的角度考虑问题。网络毕竟是虚拟世界，尤其是近几年来网络诈骗尤为猖狂，使得人们在进行网上购买时，戒心也越来越重。所以，如何打消客户的担心就非常重要了。采用客户较易接受的方式，以此来吸引客户进行网上购买，比如，货到付款的方式就比较容易获得第一次购买的客户的认可。

2. 订货系统的设计需简洁明了。网上购买本着互信的原则，会让客户填写一些必要的信息，但不要设计太多的信息填写单。可以采取模拟超市的方式，让客户自行选购产品，选完后一次性结算。同时，可以设立产品搜索及分类功能，便于消费者快速找到自己所需的产品，而且，需要对产品的基本信息进行说明，以便客户更全面地了解产品。

3. 结算及配送。企业要尽可能多提供几种结算方式，满足大部分客户的需求，最主要的是从安全方面考虑，可以选择间接结算方式。同时完善配送系统，让产品可以完好送到客户手中，才算是一次完美的销售。

微信平台的使用

现如今，微信已经成为人们主要的聊天工具，通过微信推送服务是很多企业的选择。微信平台有以下几个特点：

1. 熟人推荐式营销。网络营销除了大众传播外，这种熟人推荐，即网络人际传播已经被很多企业所看重。微信朋友圈大多是熟识的人，或是通过接触相同的微信公众号而结识，以致商家在互动过程中与客户建立信任关系相对容易些。由此，当商家通过微信将产品信息分享至朋友圈时，更容易得到对方的认同，更容易促进消费。

2. 关注微信公众号。这样可以获得相关的推送服务。这里需要注意的是不仅仅限于企业公众号的营销，还可以通过与非商家公众号合作，以植入营销的方式达到推广目的。比如说一些旅游公众号，可以根据客户需要向其推送酒店等相关服务，这种植入营销相对来讲更容易让客户信任。

3. 地理位置的服务。在微信上，聊天界面可以及时获取地理位置。以某旅行网为例，当客户发送自己的位置便可获知周边餐饮、酒店及交通等方面的信息，还可以通过公众平台预订酒店。这样的方式较容易被客户接受。

相对于传统网络营销模式，微信平台的利用不仅接受度高，而且内容非常准确，这也是网络营销利用微信平台最主要的原因。

3. 老客户渠道：回访开发两不误

在销售过程中，很多企业都会犯一个错误，就是大力发展新客户，却忽略老客户的回访问题。如果一家企业只是将重心放在吸引新客户上，那么售后就会存在相当大的问题，会流失大量现有客户。此时，企业为了保证销售额，便会投入更多资源开发新客户，周而复始，便形成了“漏斗原理”。

比如说，某家企业一个月内损失了200名客户，可是，又开发了200名新客户。表面看，这样的销售并没有存在问题，对企业业绩没有影响。事实真的如此吗？非也。企业在开发新客户时会投入大量资源，如人力、宣传、促销等，这些都需要成本，与维护老客户相比，花费要高得多。站在投资回报角度看，这样的营销是非常欠考虑的。所以说，老客户的维护是非常必要的。

老客户的维护

对于一家企业来讲，获得新客户的最佳渠道其实是推荐。通过老客户渠道，在进行回访时，开发新客户。可是，在回访过程中，很多人都将回访当成例行公事的一个行为，就此失去了获得新客户的时机。那么，在回访过程中，需要注意些什么呢？

1. 方法。恰当的方法可以帮助我们留住客户，你需要知道老客户的需求是什么？除公司产品外还额外需要什么服务？为老客户提供的服务是否恰到好处？这些都是需要注意的。在对老客户进行回访时，可以先为竞争对手制造些障碍，比如产品优化、价格优惠等。与客户建立良好的信任感，多与客户进行接触，对于做出的承诺要兑现，必要时高层管理者可以介入。尽最大可能满足客户的需求，特殊客户特殊对待，提供完善的解决方案。

2. 成本计算。在满足客户需求的同时要看自身是否有能力？考虑承诺是否能兑现？若无法兑现要怎么做？所提供的服务在同行业内是否存在竞争力？如果不考虑成本，单凭一腔热血，随意承诺将会付出很大的代价。不仅是金钱，最重要的是信誉。

3. 人员配送。在提供服务的过程中相关人员是否及时到位？人员能力是否达到提供服务的要求？如果人员不到位，相关的服务就无法展开。

联系出来的新客户

与老客户保持联系，除了巩固客户外，最重要的是从中获取更多的信息，进而开发出新客户，回访与开发两不误。可以从以下几个方面着手与客户进行联系：

1. 成交后的致谢。别小看“谢谢你”三个字，在销售过程中是非常重要的。一般在交易完成后的一天或是两天内，打电话给客户“道谢”，或是寄一张感谢卡。你的这一举动或许能够触动客户内心的柔软心弦，进而向你推荐一些新客户资源。这是开发新客户的大好机会。

2. 各种节日送祝福。选择在节日或是对客户有着特殊意义的日子送祝福，比如客户升迁等，可以以寄卡片、发邮件或打电话的方式送祝福。既省钱又可以提升公司及本人的形象，最重要的是让客户产生亲切感。

3. 重视客户身边的人。在回访过程中，除了与决策者保持联系外，其身边的人，如助理、秘书等都要保持联系，有助于你从中获取有价值的信息，比如说客户新的购买计划或变更购买意向等。

4. 跨时空交流。现如今网络发达，在与客户的联系过程中，网络也可以发挥一定的作用，同时还可以通过信件、传真等方式进行跨时空交流，这样既可以给客户一些思考时间，也可以避免不必要的尴尬。

5. 亲自上门。虽然跨时空联系可以省去不少事，可是，面对面的交流可以更加直接地了解到客户的信息，进而为客户提供更多更好的服务，以此来赢得客户信赖。

6. 礼品的赠送。在会见老客户时，可以赠送礼品，但一定要具有特别意义，比如与公司产品或是服务相关的礼品。

回访与开发

某公司员工按照公司规定去拜访一位老客户，意在维护客户关系。当这位员工正在例行问客户一些相关问题时，这位客户的电话响了。从客户的只言片语中，这位员工了解到，客户正在谈某个项目，而且，他们公司也开始入手这一方面。客户挂了电话，这位员工灵机一动，对客户说：“您和对方签合同了吗？如果没有可否交给我们公司来做？”客户稍作犹豫，说：“还没签，不过谈得差不多了，所以……”客户没将话说完。这位员工继续说：“没关系，今天回去我做一个方案出来，明天拿给您看，到时再选择也不迟。”客户有些为难。这位员工说：“您看，我们都合作这么长时间了，对于公司的品质您是最有发言权的。”听完这位员工的话，客户笑了，应承了下来。再后来，这位员工得到了这个项目。

很多时候，老客户也是新客户，在回访的过程中，处处都可以发现商机。因此，在挖空心思寻找新客户的同时，万不可将老客户给丢了。老客户的推销能力是不容忽视的。在购买产品时，消费者通常都会进行信息收集、比对，其中对周边人意见的采纳胜过企业做出的介绍，他们的购买决心往往取决于曾经产品的使用者。这就是所谓的口碑效应。维护好一个老客户便会吸引八个潜在客户，所以说，维护老客户会起到事半功倍的效果。

4. 公司内部渠道：不要忘了“窝边草”

对于销售员来讲，开发客户的渠道有很多，选择了产品，就要全力以赴去寻找潜在客户。

将“窝边草”收入囊中

做销售一定要有自己的圈子，乔·吉拉德也曾说，是圈子成就了他。现如今，打开“朋友圈”，里面大多都是在推销产品的，这就是利用身边的关系圈拓展业务。

俗话说：“兔子不吃窝边草。”可是，就销售而言，兔子是要吃窝边草的，生意就是要从熟人做起的。

人活着就会不断结识新朋友，就销售员而言，工作中碰到的每个人都可能成为潜在客户。比如，你的同事。黎天从事销售工作已经五年了，公司其他部门招了一批新人。黎天很健谈，没多久就与新同事混熟了。在与一位新同事的聊天中，他得知，这位新同事的一位朋友在某公司工作，而黎天正在与这家公司谈业务。黎天用“人情”请这位新同事引荐了这位朋友，之后，黎天用自己的专业征服这位新同事的朋友，也顺利见到了该公司的负责人。

很多时候，你的周围潜藏着潜在客户，可能就是你的同事，或同事的好朋友……这些都有可能发展成为你的客户。

对于一些销售新手来说，开发客户是一件较为困难的事。那么，如何才能提高业绩呢？如何才能在短时间内挖掘到客户资源？其实，最快的方法就是从公司内部入手。在公司内部蕴藏着很多待开发的客户。就销售员来讲，可以充分利用公司内部资源去挖掘对寻找客户有帮助的信息、人员及手段。那么，如何通过公司内部资源寻找客户呢？

1. 整理各部门客户清单。通常情况下，每个部门都有各自的客户资源，销售员可以整理那些具有价值性的客户资料，列出清单，找出那些曾被忽略的客户。因为是公司老客户的缘故，他们对公司都有一定的信任感，这样一来，你的推销工作就很容易得到他们的配合，不会排斥。

2. 从财务部入手。往来账目都通过财务部，销售员可以通过财务部门找出那些没有与公司续约的客户，进行跟踪回访，进一步了解这些客户没有继续购买的原因，然后，重新拜访这些客户，赢得客户信任。

有很多新手销售员，在开发客户时，总是会忘记了身边的人，或者是放不下面子，不愿找朋友购买。一个人的人脉决定了其销售业绩，人脉越广，潜在客户就越多，业绩也就会随之提高。

5. 人际关系渠道：交友衍生新客户

在生活中我们无时无刻不在与人接触，有新朋友，有老朋友，有朋友的朋友……在这之中，很可能就有你要找的潜在客户。比如老公或老婆的交友关系、通过兴趣结识的朋友、因为孩子认识的人、同一个小区的住户等，这些都是你的人际关系网，只要善加利用，便会为你带来源源不断的新客户。

一个人的力量是有限的，可是可以依靠朋友的力量来打通人际关系，通过交友来衍生新客户。一传十、十传百，小范围慢慢到大范围，就不愁找不到客户资源了。人都是从不熟悉到熟悉的，只要态度真诚，你的人际关系将越来越广。

每一个客户背后都站着 250 个人

俗话说："多个朋友多条路。"一个销售人员，即便受再大的委屈，也不能与客户发生冲突。要知道，每一个人的背后都站着 250 个人，他们都是与之很亲近的人，如亲人、朋友、邻居、同事等。所以，当有一个人对你的态度不满意时，就会引起连锁反应，一年下来，可能就会有上千个人不愿意与你打交道了。这便是乔·吉拉德提出的 250 定律。

在一次朋友聚会上，身为房产经纪人的小张随朋友一同出席，小张较为活跃，一来就给在座的每人发了一张名片。整个用餐气氛也极佳。聚餐快结束时，有一个人向小张打听最近的楼市，还问小张有没有好的楼盘介绍。小张瞅了一眼，原来是餐桌上最为沉默的一个人。小张通过朋友已经知道，这个人家庭条件并不是很好。小张态度淡漠地应付了几句，这个人便不再问了。

两个月后，小张从朋友处得知，餐桌上向他打听楼盘的那个人为自己的儿子买了一套房，其朋友的儿子也在其介绍下在同一小区买了一套房。小张追悔莫及。

其实，小张损失的不止两套房，当你将一个客户拒之门外时，实际上是拒绝了 250 个客户。在人际交往中，尤其是对销售人员来讲，任何一个人都有可能成为你的客户，不要以外貌论英雄，也不要因为自己的情绪原因而怠慢客户。

人脉经营原则

陈光是某公司的业务员，最近正在谈一笔业务，对方一直以忙为借口推托，所以，他一直未见到负责人，这让他很沮丧。一次偶然的机会，陈光得知他一个大学同学认识负责人的助理。于是，陈光找到大学同学，请其将那位助理约了出来。酒桌上，陈光不遗余力地推销自己的产品。他恳请助理可以安排与负责人见个面，在大学同学的帮忙下，助理同意牵线，但能否签订合作协议全看陈光自己了，为此陈光万分感激。

终于见到了负责人，凭借过硬的专业知识、质量上乘的产品还有过人的口才，陈光拿下了合作协议。

为表示感谢，陈光欲送红包给那位助理，但被助理以“没帮什么忙”为借口拒绝了。在后来的聊天中，陈光得知，助理想将正在老家上小学的女儿转到市里读书，可苦于没关系，一直拖着没转，这让助理很闹心。刚好陈光认识某校校长，于是，陈光主动帮忙，让助理的女儿顺利转到市里读书。从此，陈光与助理也成为了好朋友，助理后来也为其介绍了几单生意。

有这样一句话，30岁之前靠的是能力，30岁之后靠的是人脉。这是个人情社会，不管走到哪里，不管是工作中还是生活中，除去自身条件与努力，人际关系将决定着一个人的命运走向，在最关键的时刻发挥着举足轻重的作用。

经营人际关系需遵循以下原则：

1. 从身边人入手。如果连身边的人际关系都处理不好，那还如何在社会上发展人际关系？在这里可以把握几个要领：

· 多参加家庭、朋友、同事等之间的聚会，这是积累人脉的最佳场所。来参加聚会的每一个人都有可能成为你的客户，或为你带来客户。用心去听他们交谈，从中获取对自己有利的信息。

· 主动伸出援助之手，那么，你将来获得他们帮助的可能性就很大，无论是大事或是小事，真诚去提供帮助，将来必有收获。

· 在获得帮助后，要有感恩之心，哪怕是最亲近的人。这样不仅可以体现你懂得人情世故，也可以让帮助你的人有一丝安慰。

2. 多想想你能为客户做什么？为什么有的人在销售领域从容自若，客户关系也处理得如朋友一般。他们是如何做到的？

很多人抱怨客户刁难人，在与客户交往中总因为一点小摩擦就起冲突。别说是签单，很多时候连决策人都见不到。原因很简单，他们总想着能从客户这里得到什么，从未想过可以为客户做些什么。

当客户为某件事烦心时，是否想过你或许可以提供些帮助？很多销售员主张不必过于在意那些小事，可往往问题就出在这些小事上，小事更能看出一个人的真诚与细心。

3. 乐于分享。分享是为将来做准备，在你与他们分享人脉关系时，并不会失去这些关系，反而会得到更多关系。一个人的资源毕竟有限，可是，如果通过客户的客户、朋友的朋友进行关系延伸，那么，你的人际关系就会出现裂变，如滚雪球一样，越滚越大。

4. 从赞美开始。每个人都喜欢听好话，但不是阿谀奉承，而是发自内心的赞美，这样便可拉近与客户之间的距离，关系也会变得很融洽。

5. 多多益善。有些人结识朋友都带着某种目的性，并将人分为有用的人与无用的人。他们只是去结识他们认为有用的人，可是，往往那些被他们评为“无用的人”的身上都会隐藏着商机。或许他们无法提供某些帮助，但也许会具有一定的杀伤力，树敌并不是明智的选择。真诚与周围的人进行沟通，尊重每一个相识的人，有利于你未来的发展。

6. 人际关系也需要更新。建立起来的人际关系并不能让你享用一辈子，你需要不断扩充自己的人脉网。比如关注客户内部的人事变动，关注人际网中所有人的职位变迁等，平时保持与关系库里的人联系。

对于一个营销人员来说，有了一定的人脉才能将销售进行下去。所以，经营好人际关系就显得尤为重要。它会成为你事业的推动器，新客户会源源不断找上门。

6. 偶遇渠道：快速识别偶遇客户

对于销售人员来讲，最重要，也最难的一环就是找客户，要想将销售做好，就要学习如何寻找客户。其实，潜在的客户一直都在，只是看你如何去发现、去挖掘。

说不定你的客户就在你身边，或许就是你偶遇的某个人。在餐厅、在电梯里、在聚会上你是否尝试过与身边的人进行交谈？一个销售人员，首先要有结识陌生人的胆量，无论是做什么的，当你与身边的人进行交谈时，会发现这是一件很有趣的事，你会了解到很多不曾了解的东西。认识陌生人，是每一个销售者所必须掌握的技能。

让偶遇成为奇遇

生活中，每天都会有人与我们擦肩而过，或坐在同一张休闲椅上，或同在排队候餐，或同等一辆公交车……在这个等候的过程中，你是否想过如何去处理这些偶遇？当然，并非每一次偶遇都能成就一段销售业绩，可如果不尝试怎么知道呢？为何要让机会白白溜走呢？当你发现了潜在客户，想要去结识，该以怎样的姿态去认识呢？主要还是要够胆大、心细、脸皮厚。

当你与一个人在五步的距离时，你可以与其进行热情的交谈，先进行自我介绍，也可询问对方的工作，来这个地方做什么等。当然，你热情的交谈未必会换来积极的回应。但也会有人寻问你的工作，此时，你就可以递上自己的名片。接下来他们就会寻问一些关于你的工作及产品的问题。你也可以说：“我想，您或是您的朋友可能在将来的某一天会需要我的服务，在此先表示感谢。”

再接下来，一般产生三种结果：

一是同意打电话进行下一步的讨论。

二是同意让你打电话进行下一步的讨论。

三是自己不感兴趣，但会推荐给感兴趣的人。

由此看来，你认识一个完全陌生的人，得到了一个潜在的客户。

偶遇的客户

他是某铁路局的货运客服，一天，他去钢材市场做市场调查，看到一个人在与货运司机攀谈，没一会儿摇头走了。他过去询问货运司机，原来，那个人有一批货要运往某地，但运价过高，又还不了价，正在想办法呢。他了解到这一情况，找到了那个人，走到一边进行详谈。

“听说您要运货？”他开门见山地说。

“是啊。”那人有些防备地说。

“有没有考虑走铁路？”他继续说。

“我在各地专门收购报废的电脑显示屏等电器类的物品，每次的发货量也不大，也没想过走铁路。这次的发货量也不过一百来吨，所以，还是准备走汽车。”那人说。

“看来你对铁路运输并不了解，你只需要进入我们的商务平台，将你的需求写清楚，其他的事都由铁路上给你办。”他说。

……

那人有些不相信。他继续说：“我就是铁路货运的客服，我希望你可以去体验一下铁路货运的便利。”他又寻问了一下那人的到货地点，然后打电话给同事，算了一下运费。当那人得知走铁路只需要汽车运输费用的三分之二时，那人决定先随他到铁路货运中心看一下。

来到铁路货运中心，经过比较，确实比汽车运输要方便，那人当即就决定此次运输走铁路。他也为这位客户协调了一系列需求，客户非常满意，笑着直说："以后我都会走铁路运输，我还会联系你的。"

其实，客户也是很好寻找的，就看你有没有用心。如果他没有留心那位客户的举动，就不会上前寻问，那就没有这单生意了。不要让每一次的遇见都成为擦肩而过，多与身边人的交谈，努力让他们变成你的客户。

第二章

用“话聊”打动对方
——电话高效沟通技巧

你将在本章学到：

- 如何电话邀约拜访客户
- 如何电话销售沟通
- 电话快速挖掘客户
- 电话化解客户异议

关键词： 电话销售　电话邀约　电话沟通　电话辨识客户

1. 简易 10 妙招：跨越前台阻碍

电话销售主要是以电话沟通，然后借助网络、邮件、传真、短信等形式，与客户直接联系。不要以为见不到面沟通就会很简单，电话沟通，遇到的阻碍也很多，尤其是企业前台。很多公司对前台都有规定，没有预约的人，前台是不会转接给主要负责人的。那么，如何跨越前台的阻碍，联系到负责人呢？这对于销售员来说是一大考验。

电话销售已经被越来越多的公司所推行，拿起电话说话谁都会，可是，如何通过电话让对方接受自己，达到合作意向就不那么简单了。

打电话前的准备工作

我们常说，有备无患，做某件事之前如果不事先做好准备工作，对客户的问题一问三不知，那还如何继续下去？因此，在打电话之前，做一些准备是非常必要的。那么，具体需要做哪些准备呢？

1. 调整心态。一些销售员在打电话之前一方面担心会被拒绝，一方面又担心客户提出问题答不上来怎么办。担心来担心去，怀着忐忑的心打电话，结果两分钟不到就结束了通话，徒劳无功。其实，电话销售并不是一件可怕的事，只要我们树立自信心，调整好心态，相信自己。电话被接起的那一刻，你已经进入了谈判阶段。同样，如果没有足够的自信心，销售工作是很难继续下去的。

2. 知己知彼。知己知彼，虽可能不会百战不殆，但对于销售是很有帮助的。你除了要熟悉自己产品的特性，还要了解客户的一些信息。这样在与客户对话过程中才能应对自如。

3. 将需要问的重要问题列出来。很多销售员在打电话之前根本不思考，想着先打通了再说。结果语言不严谨，电话打完了才发现该说的都没说，主要意思也没传达给客户。基于此，打电话之前我们可把重要问题列在纸上，有利于我们有条不紊地进行电话销售工作。

4. 准备应对话术。这些主要是针对企业前台的，如果前台拒绝转接你的电话要想着如何应对。

5. 注意声音语调。一个人的情绪状态、语气、语调是可以通过电话传达出去的，所以，在打电话前一定要调整好自己的情绪，用适宜的语气语调与客户对话。

6. 工具的准备。这里主要指记录工具。说一个最简单的事例，如果客户同意与你面谈，在告诉你时间、地点、要求时，你却说："等一下，我找一下笔和纸。"亦或者说客户说到某个重点，你一时记不住想要用笔记录下来，可发现没有纸笔，难道让客户再说一遍吗？这样一来，之前的努力就会白费，客户会认为你做事情考虑不周，进而影响销售进度。

打电话的准备工作非常重要，决定着你能否约见客户，进行下一步交流。

清扫“拦路虎”

很多时候，你无法获知主要负责人的电话，那么，当电话打到公司前台时，你要如何应对前台这些“拦路虎”，顺利与负责人通上话？下面我们来介绍十种跨越前台阻碍的妙招。

第一种：当前台说“经理在开会”“总监出差了”等这些话时，说明前台已经开始不耐烦了，也许是这样的电话接多了，也许是刚好心情不好。面对这样的情况，需要一句话将对方堵死。你可以说："请问，我最好在什么时间来电话才能联络到经理呢？"

第二种：当前台拒绝销售电话时，一般是前台惯性的举动。一家公司的老板，肯定不会对这些电话一一应对。所以，可以对前台说："请问是哪个部门负责的？请帮我把电话转过去可以吗？我需要核实一下。"

第三种：当前台说"我们不需要这样的产品"时，一般有两种情况，要么你收集的信息有误，对方需要进购电脑，你却去推销车，那怎么可能卖出去？要么是对方已经找好了供应商，或是对你的产品质量、价格、售后等方面存在异议。此时，你可以说："请问你对我们的产品有什么具体的要求？"

第四种：当前台说"我不知道这个会议什么时候结束"，一般情况下，公司会议会选在周六或是周一上午进行，避免这两个时间段，不要过多打扰。或者也可以说："请问贵公司里谁会知道？"

第五种：当前台说"晚点再给你答复"，听到这样的话一般敷衍居多。你要传达给他一种思维，就是你是给他提供渠道的，而非推销产品。你可以说："请问什么时候联系你较为合适呢？"

第六种：当前台说"你哪位？做什么的？找我们老板有什么事"，这一类的问题通常每家公司的前台都会问。一般情况下，没有老板的特别指示，前台无权过滤掉打进来的电话。如果是业务电话，就不要着急表明你的身份，此时，可以摆个高姿态。你可以这样说："我昨天和你们老板约好的。"这里并没有固定的模式，全看临场发挥。

第七种：当前台说"你先寄一份资料过来吧，看过后再决定"，大部分销售通常都会照做，可是，即便寄出十份资料，客户也未必会在收到资料后打电话给你。别说是订单了，一般的电话询价也不见得有一个。因此，最好是能见到本人进行面谈。面对这样的情况你可以说：“资料我已经寄过了，请问经理考虑得怎么样了？”

第八种：当前台说“你先发一份传真过来看看”，此时，很多销售员都会给对方发一份传真，本以为可以等来对方的好消息。在这里，他们都犯了一个错误，传真是否真的到负责人的手里了？即便负责人真的看了，是否就随便一看，随手一放就不管了？过段时间再打电话过去，又是刚开始的程序，问你是谁，做什么的……因此，可以用电子邮件的方式，引起对方的重视。你可以说：“我想要用邮件的方式发给他，请问他的 E-mail 地址是？”

第九种：当前台说“我们暂时不需要购买”，此时不要去怀疑客户的经营状况，而应该关心的是，客户搁置购买的真正原因，关心客户动向及下一步的计划。可以这样说：“请问贵公司什么时候有新的购买计划呢？我们可以为贵公司提供最好的技术支持。”

第十种：当前台说“负责人正在讲电话，你可以将姓名、联系方式留一下”，一般来讲，短时间里接到你两次电话，前台会心生反感。当你第二次再打来时，就会出现故意刁难的现象。所以，当你知道负责人在打电话时，不要急着挂电话，可以说：“那我就这样等一会儿吧，谢谢你。”

2. 高效 30 秒：打动客户的心

电话销售作为当下一种高效率低成本的销售方式，已经在各个行业中被广泛使用。此外，在常规的销售中，我们也大多使用电话与客户沟通。那么，怎样的电话沟通方式才能打动客户呢？

由于电话销售的特殊性，彼此之间不能够面对面的交流，只有通过声音来传递彼此的意向，表达彼此的感情。所以，对于销售人员来说，能否说服客户接受自己的产品，全在于自己说话声音及内容“质量”上。

在通常的店面销售中，能够让客户眼前一亮并感到舒服的除了产品就是销售人员的外在形象。走进店面，帅哥、美女总是让人们眼前一亮，心情更为舒服。而在电话销售中，因为只有通过声音及语言沟通，没有了给予客户靓丽的形象，这时电话销售员的声音就代替了其外在形象。

用声音传递积极的情感

一个有积极情感状态的声音，总能够吸引客户的注意，它就像一道温暖的阳光照进了客户的心里，无论多么坚硬的冰块都能够融化。要做到这一点，我们需要注意以下几点：

1. 放松身体与心理。

在给客户打电话之前，让自己的身体和心理放松下来，一个人只有在轻松、自然、愉快的心理状态下，声音才会传出积极的情感。有以下几种方法：

• 找轻松的环境。选择一个较为僻静、不容易被他人打扰的地方，让自己紧张的情绪松弛下来，然后准备好纸和笔，开始给客户打电话，并记录客户在电话中提到的有价值的信息。

• 站着打电话。一个人站起来通常要比坐下来注意力集中，而且会更认真，讲话的时候中气更加充足，说话的声音也会更加地积极。

• 保持积极的自信心。电话销售人员必须要对自己、产品时刻充满信心，更要对客户有信心，不要担心被客户拒绝，不要因为客户负面的态度而影响你积极的态度，要始终用自己的自信心感染客户的自信。

• 发出开朗的微笑。不要吝啬自己的微笑，尤其是开朗的微笑。据心理学家表明，笑声是可以传染的，在电话销售中虽然对方看不到电话销售人员的脸，但是开朗微笑的声音可以给予对方积极的情感。

2. 注意电话交际礼仪。

一个有良好社交礼仪的人总能够获得他人的尊重和认可，在电话销售沟通中也是如此，保持良好的电话礼仪，能够传递出自己积极的情感。

• 必要的询问。在开场白开始之前，首先询问对方是否方便接听电话。因为当电话销售人员打电话给客户的时候，客户有可能当时不方便接听电话，这时电话销售人员应该对他的时间表示尊重。如：“您现在接电话方便吗？”或者“我想和您谈谈关于 ×× 方案的事宜，大概需要 15 钟。您方不方便现在谈谈？”

• 通话时间。如本章标题，开场白最好控制在 30 秒内完成，太长会显得啰唆，太短又达不到效果。此外，在挂断电话后不管对方是拒绝还是接受你的产品，都要礼貌的道别。

让声音更具吸引力

平时由于工作或者其他原因我们会接到很多陌生人的电话，有些陌生人的电话会让你眼前一亮，在你注意力不集中的时候，他的声音似乎具有某种感染力能够把你拉回双方的交谈中；而有些电话让你感到平淡甚至产生一种急于结束对话的感觉。其中一个原因，就是声音所散发出的吸引力不同。以下几点可以让你的声音更具吸引力：

1. 说话的语调。

语调是体现一个人内心世界情感、态度的重要因素，比如当你生气、担心时语调会显得不自然。客户从电话销售人员的语调中可以感受该电话销售人员是否是一位和蔼可亲、值得信任的人。所以，电话销售人员的语调要与所谈及的内容相配合协调，做到这一点就可以准确地向客户传递信息；顺利地说服客户接受产品；客户会更加耐心、积极、认真地听你开场。

很多电话销售人员说话声音缺乏应有的抑、扬、顿、挫，如复读机一般机械地重复，这样势必会让客户感到一种困意。用两种技巧可以解决这个问题，第一，想象对方是坐在你面前的一个具体的形象。第二，把握一些关键词，提高语调，表示对某方面的强调。这样会激发客户的倾听兴趣，让你的表达更加具有吸引力。

2. 说话音量的控制。

有些电话销售人员给客户打电话时隔几个办公室都能听到其的声音，他们认为，声音大会更加具有威慑力和影响力，其实不然，威慑力和影响力和声音大小没有多大关系，声音大只会让有些客户感到一种压迫感，继而讨厌你的声音。因为每个人说话习惯的问题，电话销售人员可以尝试录下自己各种音量大小不同的声音，然后仔细倾听，找到一种最为合适的谈话音量。

3. 电话销售人员声音禁忌。

• 忌用鼻音说话。用鼻音说话如同蚊子一般让听者很是难受，如我们经常听到的“嗨…哼……嗯……”的发音。特别是通过电话放大后，这种发音会让客户感到你在抱怨、生气，处于一种消极的状态。所以，与客户电话沟通时去掉鼻音是吸引客户注意听的基础。

• 禁忌高亢的笑声。曾经有这样一位电话销售人员，她在与客户沟通的时候喜欢微笑，这本是一个正常的行为，但是她在激动之时笑声总是非常具有穿透力，让人感到像是尖叫一般。为此，有很多客户以为她很轻浮，而拒绝她推荐的产品。由此，沟通过程中的笑容是必须有的，但是一定要把握度。

让声音具有感染力

具有感染力的声音能够提升客户了解产品的欲望，继而推动客户的购买欲望。增强声音的感染力，可以有效地影响客户，让客户接受电话销售人员所推荐的产品。具体有以下几个方面需要注意：

1. 说话的清晰度。

沟通的过程中，不要急于在短时间内表达完自己的意思，宁可语速慢一点，用的时间多一些，也必须要保证声音的清晰度。让客户听清楚你所要表达的意思。

2. 说话的情感。

说话时把自己的情感投入到里面，不要认为客户看不见你就可以不在乎说话时的表情、行为动作，不当的表情和行为动作会影响你说话的情感，随后会通过声音传递给客户。因此，由内而外的流露出说话的热情，投入充分的情感，会让声音更加具有感染力。

3. 说话的语速。

因为工作或习惯的原因，有些电话销售人员说话的速度非常快，这导致一些客户还没有听明白其所表达的意思时电话销售人员已经说完了，这就失去了表达的作用。此外，说话速度太快会给客户一种紧张与焦虑感，还会让一些客户认为你是一位典型的推销人员，从而产生戒备心理。

说话太慢会让客户会对你不耐烦，恨不得早早地跟你说再见。其次，如果说话速度太慢则说明电话销售人员领会迟钝、过于谨慎。同样会给客户造成了不好的印象。

因此，与客户电话沟通的语速要不快不慢，把握适当的说话速度，具体标准可通过以下两个方面参考执行：

• 因客户而异。也就是说客户什么样的语速就采取什么样的语速，与其保持同步，如果客户语速快，那么就相应提升自己的语速，反之相应降低自己的语速。

• 因内容而异。比如在谈到客户不是很懂且难以理解的或者重要内容时，语速需要慢一点，给客户一定的时间思考，反之说话速度可相应的提升。

3. 经典 9 策略：拉近客户距离

在销售过程中，很多销售员都有一种感觉，如果一开始客户喜欢你，你此次销售就会很顺利。如果客户一开始对你没好感，那么，你此次销售之路就非常坎坷。尤其是电话沟通，不见其人，只凭声音如何去吸引客户，如何拉近与客户之间的距离？这些都是销售者需要考虑的问题。

让客户喜欢你，需要讲究策略

电话沟通除了要动口，也要动脑，这样成交的概率就大些。很多销售员都遇到过这样的情况，客户对自己的话不感兴趣，甚至有厌恶的情绪，否定这个人的同时，也否定了产品，那么，想要再沟通是难上加难。那么，如何才能在短时间里拉近与客户的距离，让客户愿意听自己说呢？

1. 讲究电话礼仪。我们常说：“礼多人不怪。”礼仪对于销售的影响是非常大的，虽然有人说，只是电话联系，对方又看不到，何必计较那么多。其实不然，一个人坐着、站着或是躺着打电话，给人的感觉是不一样的。站着打电话是最佳的通话方式，这能够让你的激情、专业等通过电话传到客户那里；与客户电话沟通要面带微笑，即便客户看不到；任何时候给客户打电话，都要先做自我介绍，哪怕是老客户也应如此。

电话接通，深呼吸，面带微笑，用充满激情、活力的语言介绍自己，注意语速不应太快；多使用礼貌用语，如谢谢您、与您通话我感到很愉快、不好意思，占用您时间了……通话结束前，需先征求客户意见，如“刘总，您看还需要我做些什么”；通话结束一定让客户先挂电话。

2. 真心赞美。把握好时机，真诚赞美，可以快速拉近与客户之间的距离。电话中赞美可以从这几个方面入手：

• 赞美客户的声音。电话沟通靠的就是声音，电话接通后，你对客户的第一次接触就是从声音开始。可以直接赞美，比如说声音有磁性、甜美等。也可以间接赞美，从客户的声音里可以反映出什么，可以这样说“从您的声音可以听出您是一个果断的人。”也可以说幽默、随和或爽快。

• 赞美客户的公司。可以通过这样的语言赞美，如“你们这样的大公司，我们当然很容易就知道了。”或“真的非常荣幸可以与你们这样具有专业技术的公司合作。”

• 赞美客户的专业能力。可以通过这样的语言赞美，如“听说您在×××方面是专家，有个问题想请教您一下……”或“专家就是不一样，您提出的问题个个都在点儿上……”

赞美的方式有很多，最关键的在于，赞美一定要出自真心，语调生动，不然就像背书一样，听着很不舒服。而且言语不要太多，自然一些，像平常说话一样。要有创意，赞美一般人发现不了却真实存在的点。

3. 积极倾听。在电话沟通过程中，“听”要比“说”重要，如果在最开始，都是销售员在说，客户只是偶尔答两句，说明客户对这个话题不感兴趣。一个销售员应该明白，要让客户多说，只有客户说得越多，透露的信息也就越多，对于你的工作越有利。推销不是一蹴而就的，需要多次沟通才能完成，不要一上来就推荐，而是要多听，让客户高兴。在客户说的过程中尽量不要去打断，有的推销员在客户刚开了个头，就抢着说：“啊，您说的这个我知道。”就这样把话接了过去，让客户很是郁闷。

每个人都有被关注、被尊重的需求，尤其是客户，当你做不到积极倾听时，客户很容易就改变了主意。

4. 寻找与客户的共同点。找到与客户的共同点，从这方面入手可以快速拉近与客户的距离，比如校友、爱好、共同的朋友等，这些都有助于与客户建立融洽的谈话氛围，让客户更容易接受你。

销售员："您这么了解武汉，是武汉人吗？"

客户："是啊。"

销售员："真的吗，我也是武汉人，咱们是老乡，您是哪个区的？"

客户："武昌区。"

销售员："我也是，太巧了。"

客户："难得在这里可以遇见老乡，还是一个区的。"

销售员："老乡，我知道您是大忙人，那么，刚才我们谈到的……"

5. 兴趣入手。了解到客户的兴趣后，从这方面入手，客户会很喜欢与人交谈的，当客户喜欢与你交谈时，你的交易就成功了一半。

6. 善于提问。销售就要先了解客户的需求，要了解这些，就要让客户诉说，这就需要销售员能够提出好的问题。一个好的问题可以让客户打开话匣子，客户说得高兴了，与你的距离也就拉近了。

7. 了解客户真正的需求。很多时候，销售员说了很长时间，可客户还是无动于衷，原因很简单，销售员没有了解清楚客户真正的需求。所以，在销售过程中，要善于引导客户的内心需求，便会事半功倍。

8. 真诚相待。面对速战速决的客户，谈话要开门见山，用真诚来化解客户心中的疑虑。面对客户的质疑不要有抵触情绪，多站在客户的角度看问题，让客户感受到你的真诚，便会打开心扉与你交流。

9. 不走寻常路。呆板、没有新意的介绍，很多客户都不愿意听，甚至一听说是推销的就直接挂电话。此时，你一开口就要抓住客户。与众不同的自我介绍，用幽默的话语介绍产品等，都会让客户觉得眼前一亮，有继续听下去的欲望，无形中也拉近了与客户的距离。

4. 严密 6 步走：产品精准介绍

打电话的最终目的就是为了将自己的产品推销出去，因此，如何将产品介绍好，让客户对产品产生好感这便是电话行销的关键所在。

消费者可分为理性消费者和感性消费者，在行销过程中，要准备判断客户属于理性还是感性，然后把握时机，进行推销。大多数的销售经验总结得知，在推销过程中要以客户的理性需求为主，要让客户明白自己能获得哪些实质性的利益。也可以这样说，客户并不过于在意产品特性，而更关注自己的利益。

用产品说服客户

当开场白引起客户的兴趣后，就将客户注意力引导到产品上，除了产品的基本功能要说明外，最重要的是介绍产品可以带给客户的益处。选择客户可以接受的方式，精准介绍产品，用产品来说服客户，这就需要严密布局，一步步将客户吸引过来。那么，如何有效介绍产品，才能引起客户的购买兴趣呢?

1. 利益数字化。大多数的客户喜欢用数据说话，用具体的数字说明会更有说服力。客户听的时候也会更加用心。而且，用数据也利于明确介绍产品的优势。

2. 比拟描绘。给客户创造一个未来，比如保险，十年期满后，除了十万本金还有 20% 的固定收益，都将返还给客户，这部分钱可以买车、做小生意、给孩子买教育基金等。当客户听到这里便会有极大的兴趣。只需要每个月拿出一点零花钱，十年后就有一笔可观的收益，何乐而不为？

3. 对比化。付出和收获到底值不值得投入，得先让客户感受到付出是值得的。运用对比法最主要的是帮助客户做出判断。当你的介绍无法让客户快速做出判断，那客户就不会觉得自己的付出是值得的。结果要么是直接拒绝，要么会延长考虑时间。比如说彩票，2 元钱就有可能收益 500 万元，即便概率低，还是有很多人趋之若鹜。但把彩票变为 1000 元一注，试想一下，还有那么多人去买吗？

4. 举例说明。每种销售方式都有一定的弊端存在，电话销售弊端就在于无法用其他方法辅助说明。如果客户无法理解你的讲话意思该如何办？此时，可以运用举例说明，简洁易懂。不过举例说明过程需要注意一些问题：例子一定要与产品有必然联系；例子的内容最好与客户的生活贴近；例子不宜过长，需简明扼要；注意举例子的时机。

5. 列条例。将要讲的要点、重点全部列出来，一条一条说明产品的特色，这样利于系统、清楚地表达你的意思，最重要的是便于客户理解你的讲话内容。此时，需要注意的是：重点不要太多，产品特色再多，客户能记住的也只有两三点，所以，控制在三点左右即可；每一条的特色说明不宜太长；对于特别重要的要点，需要单独列出来说明。

6. 具体描述。很多销售员在介绍产品的过程中，喜欢用这些空洞的词，如“很好”“特别简单”“非常划算”……如何的“很好”“特别简单”“非常划算”？这就需要具体的描述，这样才更具说服力。还拿刚才的保险来讲，如果只是说：“这个保险设计得非常好，很多客户都愿意参与。”这样就显得特别没吸引力，也不知道具体表达什么。如果这样说：“这个保险设计得非常好，除了可以存钱外，还有重大疾病保障，十年之后，健康的自己除了可以拿出本金外还有 20% 的固定收益，很多客户说都说值得参保。”两句话所给人的感觉完全不一样。

5. 缔结 10 技巧：合作协议达成

在销售过程中，缔结指的就是让客户下订单。如果客户拒绝了签单，那么缔结宣告失败。反之，若客户答应签单，便缔结成功。

很多销售员都害怕听到客户的拒绝，不敢轻易要求客户下单。其实，可以以此一探客户的虚实，可以助你了解到，客户对产品是真的有兴趣还是没兴趣。也可以就此发现客户迟迟不下单的原因，如果是对产品存在异议，可以及时解决，更可以发现客户真正的关心点在哪儿。

通过电话销售也能达到最终交易，在电话销售中，最难的就是最后一步——促成交易。相比于面对面交流，电话销售免去了一定的尴尬。提前电话沟通，也免去了匆匆赶去却未能见到负责人的糟糕境遇。在电话中与客户交流，只要有一定的沟通技巧，便能在电话中与客户达成共识，达到想要的结果。

话术的魅力

时刻要记住，推销并非强制性，应学着站在客户的角度，引导客户去购买，通常客户对于服务精神的要求要比产品更高。推销员也要明白，推销不是一次性完成的，多次沟通下才有可能达成协议。

良好的沟通是达成交易较为关键的一步，推销员在未见到客户之前，你的声音所传达出来的信息决定了客户会否要求面谈，对销售的进一步发展至关重要。所以，学会说话非常重要。比如，一位教徒说：“神父，我可以在祈祷的时候抽烟吗？”招来了神父的严厉批评。另一位教徒这样说：“神父，我可以抽烟的时候祈祷吗？”不但得到了神父的允许，还得到了神父的赞许。同样的要求，其目的是相同的，结果却截然不同。由此可以看出，谈判的结果受表达技巧的影响。

缔结技巧助你达成协议

1. 假设成交法。在与客户交流过程中，客户对产品已有一定的了解，也没有明确拒绝。此时，不要直接问客户“您买不买”，而要问一些客户买了以后应该问的问题。比如：我们的产品有升级版的和尊享版的，您觉得哪一款较为适合您？再比如：您觉得什么时候去为您安装较为合适？

2. 不确定成交法。客户在问优惠政策时，不要直接回答“有”或“没有”，这样显得过于生硬，最好能给客户留下悬念。当客户还徘徊在要不要买时，此时就将其注意力转移到能不能买得到上面。比如可以这样说：“不好意思，赵先生，您说的这个优惠我们是有名额限制的，我不确定还有没有名额，我得咨询一下我们经理……”

3. 总结成交法。将产品介绍完后，用几分钟时间将产品的优势与客户强调一下，增加客户的印象。

4. 试用成交法。这种方法较适用于有形产品，尤其是第一次接触的客户，信任感都不强，可以这样和客户说：“王总，我知道您在顾虑什么，您看这样可以吗？这次可以少量购买，先试用一下，如果觉得好，下次可以多买点。”如果产品有免费试用的也可以给客户寄一点，时时跟进。

5. 列表成交法。可以让客户说出购买的坏处，然后你将购买的好处说与客户听，对比一下哪个多。你可以鼓励客户多说，其实最后客户也就能说出三到五项，而你却能列举出十多项好处，相信客户懂得对比。

6. 订单成交法。在进行了一定了解后，客户有合作意向，可以提出签单要求。比如：根据您刚才所提出的要求，我帮您制订了一套初步的合作方案，您看一下有没有哪里不满意。

7. 讲故事成交法。在推销过程中，客户有所抗拒是不可避免的。此时你可以用故事的形式消除客户的抗拒。比如：我有一个客户之前有和您一样的想法，现在我们合作时间长了，他的想法也慢慢改变过来了……

8. 最后一个问题成交法。销售员要给客户答疑解惑，在购买前认真听客户的疑问，以最后一个问题结尾，直接促成合作。比如：客户最关心价格，可以这样说：“李总，价格是不是您最关心的问题，假如我们价格能达成一致，您是否就立即签约？”

9. 绝地反击成交法。当费尽了口舌客户还是拒绝，不妨试试放弃，在放弃之前以要求客户提供帮助来获得机会。比如：“周总，我知道我们的产品很适合您，但因为我口才不佳，无法说服您，最后，在电话挂断之前，我请您帮我一个忙，请您帮我指出我的不足之处，方便我下次改正。”

10. 对比成交法。将不同条件下的合作方式告知客户，让其进行对比，选择对客户更加有利的条件，达成合作。比如：这两天我们公司搞活动，价格非常优惠，明天就要恢复原价了。您订哪几款，我马上给您登记发货。

6. 跟进 7 方法：电话跟进销售

在电话销售过程中，跟进是非常重要的环节，合作意向达成要跟进，询问客户的使用情况，对产品的意见或是建议，可以借机向客户介绍新产品。哪怕是销售过程中，也要跟进，不要因为客户的一次拒绝就放弃目标客户，一次没有成交，就二次跟进，直到成交为止。要知道，很少有一次就谈成业务的，只有及时、经常跟进才能赢得客户。否则就会失去一单生意、一个客户、一个机会……

80% 的销售在第 4 ～ 11 次跟进后完成

有人做过这样的统计：一般只有 2% 的销售是在第一次沟通后完成的；而只有 3% 的销售是在第一次跟进后完成的；5% 的销售来自第二次跟进后；10% 的销售来自第三次跟进后；而 80% 的销售来自第 4 ～ 11 次跟进。可是，在日常生活中却刚好相反，80% 的销售员一般在跟进一到两次后就放弃了，只有不到 2% 的销售员会坚持跟进四次以上。

电话营销因为费用相对低，沟通快，很多企业都热衷于电话营销，可是，如果不懂得跟进，只是一味寻找新目标，是很难在销售工作上取得成绩的。

让跟进更有效

在销售过程中即便签单了也不能掉以轻心，你的竞争对手会无孔不入的。跟进工作就可以建立良好的客户关系，了解客户在干什么，不要让客户有一种合同签了就不管他们的感觉，尤其是售后服务一定要到位。一个优秀的销售人员一旦签单就不会给竞争对手一丁点机会。如果客户还没有签单，处于犹豫阶段，更应该跟进，否则就会让竞争对手坐收渔翁之利。跟进是需讲究一定方法的。

1. 全面了解客户。在没有与客户见面之前，电话是主要的沟通方式，此时，销售员就要对客户有个全面的了解，如客户是哪里人？客户的兴趣爱好等。不然在沟通过程中就变得很被动。

2. 跟进计划的制订。对客户有了初步了解之后，结合公司的营销目标，制订一份客户跟进计划。其内容包括：

• 客户基本情况，包括客户的姓名、客户公司规模、主要联系人等。

• 本公司的营销目标。

• 还需要进一步了解客户的哪些情况。

• 以一种怎样的方式和客户进行协商。

3. 跟进计划的执行。制订好跟进计划，就严格按照上面的项目一一执行。

成功跟进技巧。不要认为签单成功了就可以高枕无忧了，订单的到手并不意味着一次销售的结束。成交之后所要花费的精力并不比成交前少。通常情况下，签单成功后至少要再打三次电话，三次跟进电话的时机分别是：

• 第一次：成交后的一到两天之内，主要问询客户收货是否顺利，运货及安装过程是否有问题，使用情况如何，对于产品的使用有什么意见或是建议。

• 第二次：成交后的十天左右，主要询问客户是否需要指导，使用过程中是否遇到过问题。

• 第三次：成交后一个月左右，主要询问客户是否出现突发问题，有没有其他什么要求，借机介绍新产品。

4. 给客户发 E-mail。这主要看客户的个人喜好，有的客户更倾向于发 E-mail，那么，就投其所好。有的客户则不喜欢查收 E-mail，那还是打电话稳妥些。亦或者两者兼用，主要视当时情况而定。在给客户发 E-mail 时需加入以下内容：首先感谢客户的购买，然后询问客户的使用情况、意见或建议、是否有其他要求、介绍新产品、介绍公司新的促销活动等。

5. 向客户寄致谢卡片。

6. 做出的承诺需及时兑现。当你做出的承诺未兑现时，就属于失信于客户，即便接下来你的跟进工作做得很完美，但客户还是会对你产生怀疑，影响续约工作。兑现承诺是每个销售员都应该做到的，只有让客户感受到你的真诚，才会去信任你。

7. 电话联系不能断。大多数的销售人员都认为那些没有成交的客户根本没必要去跟进，简直就是浪费时间，也许还会遭到对方的冷言冷语，吃力不讨好。难道真的没必要去跟进没成交的客户吗？未必，俗语说，买卖不在情意在。也许这次他不需要你的产品，或许下次会需要呢？如果没有持之以恒的联系，万一客户有需要了，说不定就联系其他家了。

跟进工作你要永远比别人“多一点”，如果你不打这通电话，你的竞争对手刚好打进去，说不定生意就成竞争对手的了。所以，无论是成交前或是成交后，电话跟进销售都十分重要。

7. 应拒7话术：巧解客户拒绝

在销售过程中，遭遇客户的拒绝是十分常见的事。其实，拒绝都是有理由的，但真正反对的理由并不是很多。大多数情况下，那些准客户会隐瞒真正反对的理由，随便找个借口来摆脱销售员。如果销售就此放弃，那之前的努力也会付诸东流。

一个优秀的销售员会将拒绝转变成认同，否则拒绝一次，放弃一次，那销售工作还如何进行？在与客户沟通过程中，要斟酌客户的每一句话，即便客户拒绝了，也不能慌，更加不要露出颓废的神情。客户越是强硬的态度，你越是要镇定，这样就能突破客户的壁垒，让客户的拒绝变得没有意义。

客户为什么会拒绝你

很多销售员只知道被客户拒绝了，但从未找原因，不知道客户为何会拒绝自己，应该如何应对。销售失败也是学习的过程，从中总结经验，便会规避此类问题。那么，客户拒绝的主要原因有哪些呢？

1. 理性拒绝。这类客户通常都会明确拒绝，有“因为……所以……”句式的拒绝理由，他们会顾及销售员的面子，将理由说出来。

2. 虚假拒绝。这类客户通常找一些不是理由的理由拒绝，他们一般会说：“我先考虑一下”或“我回去和 ×× 商量一下再决定”。一般都会石沉大海，销售员千万别相信，能当场签单的千万别放过。

3. 情绪化拒绝。这类客户容易向销售员发脾气，接到销售员的电话时语气通常不好，甚至会火冒三丈，很多时候，他们的拒绝都没有理由，只是对销售这一行业不喜欢。

如何让客户无法拒绝你

在面对客户的拒绝时，心态特别重要，即便是多次被拒绝，也要有厚脸皮的精神，问清楚客户拒绝的理由。客户的拒绝并没什么，最重要的是你有没有良好的心态去处理客户的拒绝。在面对客户的拒绝时，你是垂头丧气的放弃，还是巧妙化解客户的拒绝？下面我们来看看，如何应对客户的拒绝。

1. “对不起，我没时间”。

这是很多客户都会用到的拒绝话语。此时，销售员可以说：“这我很理解，别说是您，我也常觉得时间不够用。不过我只耽误您三分钟时间，您就会相信，这个议题对您绝对非常重要。”

2. “我对你的产品没兴趣”。

面对客户这样的拒绝，你可以说：“对，我可以理解，您手上没有任何关于产品的资料信息，您当然不会马上产生兴趣，您有所疑虑和问题是合情合理的，那么，就让我为您说明一下吧，您觉得周几合适呢？”

3. “你把资料寄过来给我如何”？

面对客户这样的拒绝，你可以说：“李总，是这样的，我们的资料都是经过精心设计的，需配合人员说明。而且对每一个客户都要根据具体情况做出修订，就如同量体裁衣。最好周一或是周二我可以过去看您，您是上午还是下午比较方便？”

4. “我到时再跟你联络吧”。

面对客户这样的拒绝，你可以说：“钱总，或许目前您不会有太大的购买意愿，但我还是非常乐意让您了解，如果可以参与到这个项目，对您来说将益处多多。”

5. “我要先想想再说”。

面对客户这样的拒绝，你可以说：“郑总，其实我们不是已经将相关的重点讨论过了吗？容我真诚地问一句，您在顾虑什么？”

6. “我再考虑一下，下周再联系你吧”。

面对客户这样的拒绝，你可以说：“王总，您看这样会不会更简单些？我周二下午晚些给您打电话，或是您觉得周三上午会好一些？”

7. “这我做不了主，我要向领导请示一下”。

面对客户这样的拒绝，你可以说：“可以，廖先生，这个我可以理解，您看能不能约领导一起来谈谈呢？约在这个周六如何？或者您喜欢哪一天？”

客户拒绝的理由五花八门，无法一一列举，但应对的方法都差不多，将拒绝转化为肯定，进而软化客户拒绝的意愿。一个优秀的销售员会乘机跟进，让客户在短时间内接受自己的建议，达成意向。

第三章

巧妙“约会”
——从容接近客户技巧

你将在本章学到：

- 如何成功邀约客户
- 如何快速激发客户对产品的欲望
- 如何提升客户的关注度

关键词：约见客户　化解客户戒心
激发客户好奇心

1. 礼仪策略：你的礼仪价值百万

从一个人的言行举止可以看出一个人的品质，好的习惯可以成就一个人，当一个人连自己的行为举止都不注意时，是很难赢得别人的认可与尊重的。就销售而言，得体的衣着打扮体现的是外在美，而内在美的体现就需要在行为举止上下功夫了。

从一个人的行为举止就可以看清一个人，就如曾国藩在选用人才时说："站在右边的人低头不敢仰视，为谨慎忠厚之人……站在左边的人腰背挺直，双目正视，有大将风范。"最后果然如他所说，那位大将便是台湾省第一巡抚刘铭传。

就销售员而言，其行为举止就好比一件商品的质地，试想一下，如果商品质地有问题，消费者会埋单吗？换句话说，如果一个销售员的行为举止不规范，那么，客户就会觉得没有受到尊重，最终是无法得到客户认同的。

你的行为举止就是你的真实名片

在销售过程中，除了向客户介绍自己的产品，最重要的是将你良好的精神面貌呈现在客户面前。假如在与客户会面时，你将双手交叉于胸前，就会给人一种气势汹汹的感觉。亦或者在与客户说话时，跷着二郎腿，左右摇晃，就会给人一种不重视的感觉。客户就会质疑你的职业素养，沟通也会变得异常艰难。

由此可见，个人的行为举止代表了一个人的真实名片。不管之前表现得多么完美，将产品介绍得多么完美，如果将这张真实名片弄错了，那么就会前功尽弃，之前所有的努力都将被否定。

当你出现在客户面前时，你的一举一动都会被客户看在眼里，客户会注意到你每一个小动作，因此，一定要时刻提醒自己注意仪态，规范的礼仪会为你赢来客户的认同，价值千金。

小举动，大收获

安雅是某公司的业务员，是个自我约束力很强的人，出门在外特别注重自己的仪态。落落大方的她非常受身边人的欢迎，客户对她也非常信任，有很多客户都和她成为了好朋友。

一次，公司举办客户答谢会，安雅一袭蓝色长裙，神秘而温婉。晚会进行到一半，一位服务员被一位客人撞到，托盘及酒杯洒落在地上。而安雅很不幸，裙角被红酒液打湿了。安雅并没有管自己的裙子，而是将托盘捡起来递给了服务员，微笑着说：“没事吧，下次要小心点哦。”服务员瞬间抬起头，用感激的眼神看着安雅。安雅另外叫服务员过来清扫地面，自己则去了卫生间。酒液已晕染开来，安雅灵机一动，借来剪刀，将裙摆给剪了。穿起来并不影响效果，反而增添了几分俏皮。当安雅再次走入会场时，迎来了所有人赞赏的目光。

安雅的表现都被客户看在眼里，她的大方、聪明、优雅……都让客户值得去打听她姓甚名谁。再后来，很多人主动与安雅打招呼，有的是她的老客户，有的是她的朋友，更多的是不认识的客户。安雅刚才所做的一切得到了会场所有人的认同。

只不过是一个小小的举动，安雅的销售事业却因此更上一层楼。

一个人举止得体是一生的修养，并不是为了做给谁看。当面一套，背后一套，终会露馅的。一个优秀的销售员会时刻注意自己的言行，因为他们知道，这将会是影响自身事业的无形财富，在必要时会发挥重大作用。

一个人的礼仪是无声的，它虽没有语言直接，但更能体现一个人的内在，对客户的心理会造成比语言更大的影响。在与客户的沟通过程中，这种无声语言对客户的影响会表现得很明显，沟通顺利与否，你的礼仪起决定性作用。

修炼礼仪，文明销售

约见客户是一件很重要的事，你的一举一动都代表了产品及公司形象，客户对你印象的好坏也直接影响着客户对产品及公司的印象。面对如此情境，应该如何应对？

1. 举止自然。一些销售员在约见客户时会为了表现得自然而自然，简单点说，就是为了让自己看起来自然些，就会刻意加一些小动作，看起来很滑稽，显得过于做作。培根说："礼节要举动自然才显得高贵。假如表面上过于做作，那就丢失了应有的价值。"举止自然这并非一朝一夕可以培养出来的。这就需要销售员在平时的生活及工作中多多规范自己的言行举止，习惯成自然，这样才能真正得到客户的认可。

2. 细节决定成败。千里之堤，毁于蚁穴。小小的蚂蚁能够毁了千里长堤，同理，在与客户沟通过程中，小到敲门这种小事都有可能影响你在客户心里的形象。一个小小的失误可能就会毁了一笔生意。在与客户约见时，千万不可忽略了那些小细节，如未经允许不能进入客户的办公室；如果客户给你接水的杯子是一次性的，喝完不可乱丢；不要用脚蹬客户桌椅、沙发等。

3. 控制好自己的情绪。在约见客户时，或许会出现一些意想不到的事，客户可能会因为某些原因而变得态度不佳。此时，最忌以牙还牙，一个不懂得如何控制自己情绪的销售者是无法得到客户认同的。此时，你需要做的是用更加文明的举止去浇熄这把火，理性与客户沟通，用真诚获取客户的认可。

人与人之间的交往，前提是有良好沟通，而礼仪则是良好沟通的开端。在与客户面对面交流时，沟通礼仪尤为重要。无论是从个人修养还是交际的角度来看，礼仪都是不可忽视的。什么场合该穿什么衣服，什么话该说，什么话不该说，这些都是有讲究的，也是一个人素质的体现。比如，大多数的人对嚼口香糖的行为感到不满；也有人对衣服有褶皱心生不满……对于销售员来讲，一丝丝细节都不能放过，你的礼仪就是接近客户的敲门砖。

2. 微笑策略：亲和力融化客户的戒心

微笑是一种无声的语言，却比有声语言更容易拉近与客户的关系，微笑所展现的亲和力会瞬间融化客户的戒心。在与客户约见时，始终保持微笑，不仅是客户，连你自己也会在无形中感到快乐。

越来越多的企业开始重视微笑服务，随着社会的发展，客户越来越重视自身权益，他们希望被尊重，与其说他们买的是产品，不如说买的是服务。试想一下，谁愿意花钱看张“臭脸”。在销售过程中，微笑服务拥有高附加值，这种不用翻译的世界通用语言，传递出来的是亲和力、友好、愉悦等正面信息。

让微笑传递友善

微笑谁都会，展现你的微笑，你会发现它的魅力无边。当客户看到一个面无表情的销售员，客户会如何想？或许会认为你根本不是来谈生意的，即便你专业知识再好，客户也无心去听。亦或者你的微笑使用不当，也会让客户感到莫名其妙。比如客户在向你诉说一件悲伤的事，你却以笑容相对，客户就会很反感。

微笑在销售中的作用是不可估量的，微笑服务的重要性也需引起公司与销售的注意。那么，微笑服务有什么重要性呢？

1. 微笑传递良好的第一印象。微笑不分国界，它也并非仅仅是一个表情，微笑更是一种情感的表露。与客户初次交锋，微笑以对，便能快速融洽气氛，增加客户的信任度。良好的第一印象有助于接下来的谈判。

2. 微笑可以提高工作效率。一个人面带微笑工作时，语气自然而然就会变得温和。就会以热情、自信的心态去面对客户，这不仅会让客户产生好感，还会安抚客户焦躁的情绪，让客户置身于一个愉快的交谈氛围。当客户的情绪缓和了，就有利于工作的顺利进行，提高工作效率。

3. 微笑与企业的关联。每一位员工与企业形象息息相关，如果每个员工都微笑对待客户，那么，企业形象自然会受到众多客户认可。当个别员工面对客户，态度不友善时，客户对企业的形象就会大打折扣。

微笑比专业、经验更有用

有一家连锁店要招一名员工，前来应聘的有数十位，筛选之后，老板在三个女孩子之间无法下决定。于是，想到一个办法，让三个人分别去一家店工作一周，再做最后的决定。

三个女孩子都很漂亮，第一个女孩上一份工作与现在类似，她有着丰富的经验；第二个女孩刚刚大学毕业，专业对口；第三个女孩因家境贫寒，高中毕业就出来找工作了，因没经验、没技术被多家公司拒之门外。

第一个女孩听到老板要考她们的实战经验，觉得自己胜券在握，毕竟现在的工作对于她来说太过熟悉。每当客户进来，她就以经验介绍产品的特性、用途……说得头头是道，每一位进店的客户都会多多少少买点回去。她的业绩自是十分喜人。

第二个女孩因专业对口，除产品基本功用外，她也懂得如何节约成本，考虑周全。就这样，一周下来，她的业绩也不错。

第三个女孩相较于前两个女孩则有些放不开手脚，可是，面对每一位顾客她都会展现那纯朴的微笑，尽心解决每一位客户的问题。怀着对工作的热忱，她把每一位客户都当成自己的朋友，看到她的微笑，客户也会回以微笑，整个销售过程气氛融洽。一周后，女孩的业绩与之前两个女孩存在一定的差距。

可令人意想不到的是，老板最终决定聘请第三个女孩。

很多人或许会不理解，其实，道理很简单，用卖出去的产品挣钱是有限的，可是，用微笑去挣钱却是无限的。经验再丰富、专业再精通，这些都可以学，只有平和的气质学不来，这是一种品德与修养。

发自内心的微笑可以打动客户，用微笑的心态面对客户，想他们之所想，急他们之所急，在微笑中去了解他们的真正需求。俗话说："伸手不打笑脸人。"微笑不用花钱，却价值连城，真诚的微笑往往会带给你意想不到的收获。当然，微笑并不是简单的将笑挂在脸上。而是让微笑成为你沟通的桥梁，搭建通往客户心灵的桥。

让微笑更具影响力

微笑所展现出的亲和力会让客户在不知不觉中产生购买行为，可以想象，如果抱着十足的信心，钱都揣兜里了，可是面对销售一张苦瓜脸，谁还愿意掏钱去买？如何让微笑为你创造成果？需要做到以下四点：

1. 自然微笑。前面我们说了，微笑并非只是将笑挂在脸上，而是发自内心的笑，自然、不做作，才会让客户感到亲切、得体。不要为了笑而笑，那样只会适得其反。

2. 真诚微笑。客户不傻，微笑得真诚不真诚，是很容易辨别的。不要小看了一个人的直觉，真诚与否，客户是感觉得到的。真诚的微笑带给人温暖，容易引起共鸣，消除客户的戒心。

3. 看场合微笑。微笑并不适宜各种场合，如果场合不对，会让人心生不满。比如说，你与客户谈论的是一个十分严肃的话题，此时，微笑就不合时宜。再比如说，你的谈话让客户有些不高兴，此时也不应微笑。可见，微笑是要分场合的。

4. 注意微笑的程度。微笑主要传达的是一种礼仪与尊重，虽然说要保持微笑，但也并非时时微笑。微笑要运用得恰到好处。当客户看向你时，你应直视并点头微笑；当客户在谈论自己的意见时，你一边认真倾听一边不时微笑。如果程度没有把握好，过于放肆，没有节制，那样就会引起客户反感情绪。

用真诚的微笑去感染客户，平时可以多对着镜子练习，配合自己的笑容特点来调整自己的表情，一定会收到理想效果的。一个人发自内心的微笑才最美，才会被愉悦的心情包裹，此时的笑容才最自然、温和。

锻炼你的微笑，让它成为你销售道路上的一大助力。

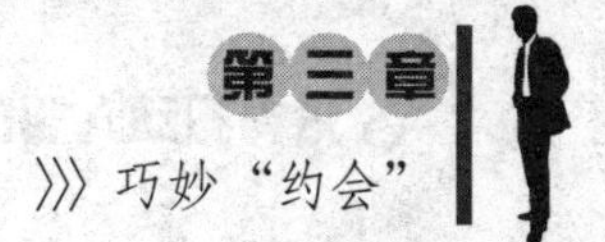

3. 称呼策略：让客户感受到亲切

人际交往中，首先是礼貌，而在与人交谈时，则是从称呼开始的。在销售工作中，第一次约见客户，称呼尤为重要，如何让客户从你的称呼中感到亲切，是每个销售员都应该学习的。

与客户见面，需谨慎使用称呼，稍有不慎，就有可能毁了一单生意。使用恰当的称呼会缩短彼此的距离，从称呼中也可以看出对对方的尊重、亲切与文雅。只有将话说好了，才能让客户喜欢，才能与客户进一步沟通。

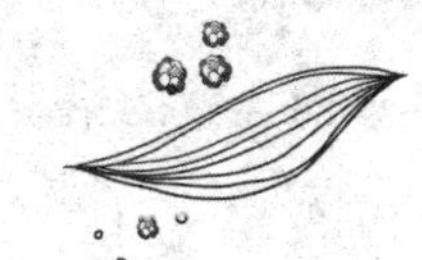

称呼有讲究，需认真对待

一个十岁左右的小女孩放假了，随妈妈一起摆地摊。两天下来，她发现一个问题。当她开口叫那些女子们“阿姨”的时候，女子都是随便看两眼就走了。第三天，她便开口叫“姐姐”，结果，那些女子们都很开心，一个劲儿夸她嘴甜，大都掏钱购买。

不要小看一个称呼，称呼就如先锋官，反映了销售员的教养，也是人际交往中不可或缺的礼仪，能在短时间里拉近彼此的距离。那么，如何称呼才不会让客户心生反感呢？在称呼的时候要注意以下问题，否则就会失敬于人。

1. 称呼使用错误。有些销售员在约谈客户时没有用心去了解客户，常常会因为粗心大意而闹笑话。因误会而导致的错误称呼，比如，对方为女子，年纪偏大，但尚未婚配，因了解不深，误称呼“夫人”，这就让客户难以接受了。因误读而导致的错误称呼，比如，对方姓“仇”，是个多音字，正确读音为“qiu”的二声调。或者将“冼”念成“洗”……因误读闹出的笑话并不少。这就需要销售员在拜访前做足准备，遇到不确定的一定要问清楚，否则仅一个小小的称谓就会影响谈判。

2. 地域性称呼。有很多称呼存在地域性，比如说，北京人爱说“师傅”，但南方人却认为“师傅”为出家人。还有，中国很多人将配偶称为“爱人”，但在国外，容易将“爱人”理解为婚外恋第三者的意思。所以，客户是哪里人也是需要了解的。

3. 庸俗低级的称呼。商务洽谈一般都是正式、庄重的场合，即便私下了解的客户是多么随和的人，在这种正式场合，一些庸俗低级的称呼也不可使用。比如，“死党”“兄弟”“哥们儿”等，这些称呼在正式场合显得不够档次，让客户觉得自己不受尊重，还有逢人就喊"老板"的，则有些不伦不类。

4. 给人起绰号。给人起绰号，不管是好的，还是坏的，都是对人的不尊重，以绰号去称呼客户，会让客户很反感。还有，不要拿别人的姓名开玩笑，比如说，客户的姓名念起来谐音较为滑稽，也不应以此开玩笑，这是一个人最起码的教养。

那么，怎样称呼才会得体呢？最常见的是姓名 + 职位，或姓名 + 先生（女士）。这里需要注意的是：

1. 客户的姓名需熟记，尤其是多音字、生僻字，拜访之前一定要调查清楚。

2. 清楚客户的职位或身份，原则是就高不就低。

3. 了解客户的年龄，是否婚配，以便正确称呼。

牢记对方的名字

每个人的名字都是独一无二的，名字会伴随一个人一生，任何人都无权拿别人的名字开玩笑。正如卡耐基所说："一种最简单但又最重要的获取别人好感的方法就是牢记他或她的名字。"作为销售员，不管客户身份如何，与你有着怎样的关系，你都要牢记对方的姓名，这样会使你的销售工作更加顺畅。如果你称呼错了，叫错了客户的名字，那么，只能祈祷客户是个极其大度的人。但即便再大度，也无法对你产生好感。

一位销售员急匆匆来到一家公司，找到经理办公室。

"罗经理，您好，我叫赵新，是 ×× 公司的销售员。"

"赵先生，恐怕你找错人了，我姓郭，不姓罗。"

"啊，真的很抱歉，可能是我记错了。是这样的，我想向您推荐我们公司新推出的多功能音箱。"

“我们暂时没有购买音箱的准备。”

“这样啊，不过我们还有其他产品，这是产品资料，您可以先看一下。”说着将资料放在了办公桌上。

“不好意思，我们公司对这些并不感兴趣。”郭经理说完做了一个请的手势，继续工作了。

记错了客户的姓氏，连谈判的机会都失去了。在推销中，牢记客户的姓名是非常重要的。乔·吉拉德即便面对五年未见的客户，他也能准确无误叫出对方的名字，让对方感到乔·吉拉德非常挂念他。这是非常重要的，对方会因为你的这份用心而满足你的需求。

那么，如何能快速牢记客户的名字呢?

1. 用心去记。记住客户的名字和职务是非常必要的，当结识了新客户就用心去听、去记。若听不清，或是不清楚具体哪几个字，可以请客户重复一遍，或礼貌寻问名字是具体哪几个字。一一解析，方便加深记忆。每个人对自己名字都十分重视的，如果记错了客户的名字与职位，那是很难取得客户好感的。

2. 不断重复。当客户告诉你名字，可以在心里不断重复，或是在谈话过程中适时使用。

3. 辅助记忆。获得客户的名片，将客户信息分类整理，将客户的爱好、生日等写在名片上，方便记忆。还可以再制作一个通讯录，经常拿出来看看。

4. 形象记忆。将客户的名字脸谱化或是与某些事物相关连，方便记忆。

与客户见面，开口之前要先想好如何称呼客户。记住客户的名字是一件非常重要的事，而忘记客户的名字，或是混淆了客户的名字，都是一件不可原谅的事。

4. 衣着策略：赢得客户的心理认可

俗话说：“人靠衣装，马靠鞍。”不管从哪方面来讲，人的第一印象都是非常深刻且长久的。就客户而言，他们更信赖于衣着整齐、彬彬有礼的销售员。销售员的专业形象更容易赢得客户的心理认可，进而增加产品的说服力。

有很多销售员都有一个错误的认识，觉得只要产品质量好，公司品牌大，就存在竞争优势，其他都是次要的。他们认为，穿什么样的衣服根本不会对销售造成任何影响。可现实却并非如此，有太多的例子证明，因不注重衣着形象而丢掉订单的。试想一下，谁愿意与一个邋里邋遢的人谈合作？别说合作，说不定连门都进不去。那么之前通过电话、邮件等好不容易建立起来的良好客户关系都会化为乌有。

与客户会见，形象非常重要，客户在没看到产品之前，你的形象就代表了产品。客户会在主观上对你进行评价的同时评价你的产品。这方面的认识不提高，是很难得到客户认可的。

别让衣着成为你成功的障碍

如果一个衣着极为不讲究的人向你推荐产品，你会相信吗？你的注意力会在他的产品上吗？肯定不会。即便产品真的很好，但还是会因为衣着过于随意而无法对产品产生兴趣。这样的销售员或许是个努力向上的人，但作为外人，客户并不了解这背后的努力，因此常常会将这些努力忽视。如果，销售员还想继续推销，那便要付出更多的努力去改变在客户心目中的形象，不过这将会是一个漫长的过程。

通常情况下，客户都会带着戒备心理与销售员沟通，无论是产品价格、质量或是合同，他们都会用戒备的心去审视。要想要让沟通更加顺畅，第一印象特别重要，当获得客户的心理认可，其心态就会慢慢放松，沟通也将变得高效。

陈辉刚从外地出差回来，风尘仆仆，直奔公司，因为有重要的信息需要与上司商量。陈辉做销售很多年了，常年在外地跑，在公司也很受上司器重。陈辉是个对自我要求很高的人，虽然能说会道，但做事很严谨。与客户之间都相处得很好，他的大多数业务也都是通过老客户介绍的。

陈辉一直觉得，一个人的形象不仅仅代表了自己，还代表了公司，马虎不得。所以，除去休息，他几乎都是衬衣、西裤。

这天，他刚到公司与上司讨论完，就接到一位老客户的电话，说要介绍一个客户给他，问他当天有没有时间，到客户那里详细介绍一下产品。陈辉看了看自己的衣着，因为坐长途车的缘故，有些皱巴巴的，但陈辉不想错过这位客户。于是，他将时间推到了下午。

问好地址，订好时间，陈辉先回了趟家，洗澡换衣服，半个小时，一个神清气爽的陈辉又出现了，一点也不像一天只睡了三个小时的人。拿着产品说明书等资料，陈辉敲开了客户办公室的门。因为当过兵的原因，陈辉的腰背挺立，给人一种很精神的感觉。虽然只是白衬衣，但没有一丝褶子，干净利落，看到这样神采奕奕的陈辉，客户心里暗暗赞赏。

后来的交流很顺畅，本来就是熟人介绍，再加上陈辉确实是个行家，给客户讲得头头是道，合约当场就签订了。

销售员的衣着是最好的敲门砖，尤其是较为正式的签约场合，如果不注意自己的衣着，是很容易被客户否定的。一个人的长相是无法改变的，但衣着可以改变，而且很多时候，得体的衣着可以掩饰长相的不足。一个懂得衣着打扮的销售员会赢来更多的销售机会。

穿衣打扮有讲究

一个销售员要给客户留下好的第一印象，衣着打扮很重要，那么，如何打扮才能赢得客户的认可呢?

1. 选择适合自己的。很多销售员在选择服饰时讲究越华丽越好，认为这样可以让客户高看自己，真的如此吗?其实恰恰相反，客户只会认为你华而不实。假如一个销售员穿着某大品牌的衣服去见客户，如此奢侈，客户会觉得你过于虚伪。所以说，销售员在选择服饰时，一定要结合本行业的特点去选择适合自己的。

2. 以干净、整洁为主。在服饰搭配上，不要过于复杂，保持协调即可，如果正装配球鞋，那就有些不伦不类了。而且不要为了追求所谓的时尚就穿一些花里胡哨的衣服，这对于约见客户这种重要场合是很不好的，会让客户觉得不受重视。

在业务工作中，销售员的仪容仪表是保进销售成功的第一步，这一步没走好，或许就没有下一步了，亦或者下一步会非常非常艰难。在与客户洽谈业务时，最忌睡眼朦胧，你的仪容仪表直接关乎企业的形象和产品的品牌，所以，要更加认真。

一个人的外表就如产品的外包装，如果包装粗糙，里面产品再好，也会被误认为是廉价产品。所以，在销售过程中，衣着起到了至关重要的位置，你的衣着打扮直接影响着客户对你的感觉。衣着打扮不容小觑，当然，并不是让你穿着华贵，只要打扮得体，干净整洁，或者突显出自己的个性就可以。

5. 需求策略：约见，先知彼

客户正是因为有需求才会去购买，作为销售员应该了解客户的这种需求。约见，讲究的是先知彼。因此，在不完全了解客户需求的情况下，不要着急推销产品，否则会适得其反，甚至将客户吓跑。

有这样一则小故事：一只小麻雀飞进了屋里子，横冲直撞，看不到窗口。小主人想帮助它，将所有窗户都打开了，还用手挥舞着向窗外赶。小麻雀似乎受到了惊吓，飞得更找不着北了。小主人改变策略，想先将小麻雀抓住，然后放出窗外。可是，小麻雀又开始毫无章法的乱飞，甚至还会撞到墙。小主人很懊恼，看着小麻雀依然在屋里乱飞，气得直跺脚。

此时，小主人的爸爸回来了，看到此情景，马上明白是怎么回事，爸爸抓了一把麦子，撒了一路直通到窗台。只见小麻雀落下来啄地上的麦子，一路就来到了窗台，轻而易举飞了出去。

这个故事很简单，或许很多人都遇到过。透过这个故事可以看到，一个人的热情、力气、努力等对于问题的解决毫无作用，甚至向反方向发展。只要了解需求，问题就会迎刃而解。

在销售工作亦如此，唯有真正了解客户的需求，再登门拜访，则会更加有效率。

没有卖不出去的产品

曾看过这样一个销售案例：一个卖西瓜的，一天下来，也没销出去多少。

第二天降价，五块钱一个，可还是无人问津。瓜农想了一个办法，将西瓜切开，五块钱半个，用保鲜膜封好，被一同封起来的还有一只勺子，没一会儿就卖光了。

原因为何？并非是勺子有多精美，而是加了一个勺子后，买家随时都可以吃，这就是客户的需求。当你满足了客户的需求，自然不愁卖不出产品。

当你了解了客户的真实需求，还有隐藏在背后的主导需求，那么，销售工作就会大大提高，一般情况下，客户的需求分为外在需求（即直接表现出来的需求）和内在需求（即真实且起主导作用的需求）。销售员需要注意的是，这两种需求表现的未必一致，比如说，一个人去商场买首饰，这是他的表现需求，可是他的主导需求也许是升值，亦或者是独特等。这就需要销售员去尽力挖掘了。

“听”出来的需求

一个好的销售员不是他有多能说，而是首先应该学会“听”，从听来的信息里筛选对自己有用的。聆听不仅可以让你了解到客户的信息，还能探寻到客户真实想法，最重要的是，懂得聆听是对客户极大的尊重。

在聆听过程中，有些销售员会遇到这样或那样的问题，让聆听的结果大打折扣。比如，有的销售员反应过快，对于客户的整个情况还不太了解，就急于做出反应。有的销售员则是貌似在听，他们并不见得会接受客户的意见或建议，只是等着客户将话说完然后好发表自己的观点。也有的销售员是选择性聆听，他们心中其实早有判断，只不过是在等客户进入这个问题。再有的销售员就是冷漠以对，客户提出的问题，他们不搭理。

这样的表现根本体现不出聆听的价值，反而让客户心生反感。正确的聆听应该是积极的，主动听客户讲，进而掌握客户真实的需求，做出正确的判断。让聆听发挥作用，除了积极聆听，还需要掌握一定的技巧。语言交流自然，在沟通过程中，多运用一些“不错”、“是的”等词，让客户感觉到你在听。而且也要注意形象，面对客户，要有目光接触，适时点头、微笑。

“问”出来的需求

善于提问的销售员总是会获得客户的青睐，这样的销售员懂得站在客户的角度考虑问题，并提出适宜的问题，客户会觉得很亲切，感到很轻松。一般提问分为两种：

1. 开放式提问。比如说“什么时候”，这类问句主要是让客户直截了当地说，避免自己做出不正确的判断。开放式提问会营造出一种融洽的氛围，利于自己收集更多且正确的信息。不过需要注意的是，销售员需设计好问题，否则客户很容易自由发挥，偏离主题。

2. 限制式提问。比如说“您觉得产品的价格有问题，对吗？”这类问句是将客户的答案控制在一定范围，将客户的思路引导过来，影响客户。

在销售中没有提问就不会有答案，没有答案还如何销售？提问过程中要讲究一定的技巧，这样才能问出答案。一般提问可以从这五个方面入手：

- 客户对什么话题感兴趣？
- 客户的外在需求是什么？
- 客户的主导需求及原因是什么？
- 从主导需求入手解决问题，尝试签单。
- 为客户解疑答惑，寻求拜访结果。

这里需要注意的是，面对客户时要事先考虑好自己的问题是什么？怎么样才能让客户回答？面对客户的答案应如何应对？很多时候，连客户自己都不知道自己的真正需求，所以，想要真正了解客户的需求还要下一番功夫。

很多时候，你直接问客户或许得到的是错误的方向，一个优秀的销售员会另辟蹊径，他们会研究客户目前面临着什么问题，在寻找什么产品。比如说，一个人说他要买一个电钻，他要解决的问题不过是在墙上钻个洞，打个钉子方便挂东西。可是，要解决这个问题并不一定要用到电钻，或许一个强力贴就可以解决问题，方便省事。

知己知彼，方能百战不殆。在与客户见面前，一定要对客户的需求有所了解，打开局面，随着话题的深入，进一步了解客户的真正需求，便能接近客户，签单也指日可待。

6. 好处策略：你可以给他更多

现如今的时代，已经很少有独一无二了，你开发出了新产品，第二天就会有成千上万家公司的产品与你类同。当你的产品与竞争对手的产品差不多时，你该如何做才能让客户弃竞争对手而选择你呢？

客户选购产品的空间越来越大，很多时候，客户挑选的并不是硬性产品价值，在他们看来，大多数的产品价值都一样。客户的消费观已经从“实物”转移到了“感受”，因此，哪家公司的附加值高，客户就有可能选择哪家。所以说，当你的产品与别家产品差异不大时，就要在产品附加值上制造大的差异，你的销售才能起到事半功倍的效果。

因此，可以实行好处策略，在能力范围内承诺客户，你可以给他更多，相信客户会更愿意和你谈。

从深藏的利益出发

在约见客户时，需要将产品可以为客户创造的价值融入到开场白中，让客户明白，你的产品相对来讲为他们创造的价值更大。通常来讲，如果你签单失败，都是以下原因造成的：

1. 对手价值更优惠。

2. 对手承诺了更多的附加值。

3. 对手给予了客户你无法满足的东西。

4. 客户受身边的人影响，改变了决定。

由此可以看出，产品本身并不是竞争最有利的环节。满足客户需求才是最重要的，从最深层的利益出发，满足客户需求，便能更接近客户。从心理学角度来讲，人的需求包裹着三层。

第一层：显性利益，如产品、质量、价格等，这些都是显而易见的，也是很多人用眼睛看到的购买原因。其实，这只是促成购买最微小的原因，随时都会因为其他原因而改变。

第二层：潜在利益，如维护、交往、关系等。

第三层：深藏利益，如感受、信任等，而这些是直接影响成交的因素。

在销售过程中，很多人都认为影响客户购买的是显性利益，进而忽略了潜在利益及深藏利益。可事实是，成交的关键在于潜在利益与深藏利益。从实际销售中，我们常常会遇到这样一种情况：明明产品、价格、质量、服务……都一样，为何客户会选择别家？

其实这很好解释，你只看到了显性利益。

举个例子：

刘刚开了一个修车行，生意一直很好，很多都是朋友介绍过来的，很多宁愿排队等也不选择去其他家。

又一个客户开车过来，说明原因，将车放着就走了。刘刚将车很快就修好了，其实就是小毛病，任何一家车行都能解决。别以为这样就完了，只见刘刚拿出洗车用具，认认真真将车擦洗了一遍，跟新的一样，客户来拿车时，车已经焕然一新，客户心里也美滋滋的。

擦车这项服务并不是修车范围内，客户也没有要求，可是，刘刚做了，而且也并非是敷衍，这样的附加值让客户觉得很好，很合心意，于是刘刚的生意才会越来越好。

当然，这样的方法不一定任何时候都见效，可是，很多客户会因为免费洗车和刘刚认真的服务态度而做他的生意。

用白给的好处走进客户心里

大多数的人愿意和熟悉的人做生意，陌生人之间相处肯定要一步步试探，原因很简单，情感与信任度都没达到。当客户婉言拒绝签单时，并不会直接说：“我对你不信任。”或“我跟你不熟，不想买。”而是会说一些推托之词，如质量不太好、价格太高、样式不喜欢等。各行各业竞争越来越激烈，产品、服务等之间的差距越来越小，真正让客户放下戒备的是潜在利益与深藏利益。要想签单，就要进行深入沟通，增加彼此的信任度，让客户觉得自己是“特别”的。是人都有贪便宜的心理，用白给的好处去成交，在潜意识里就满足了客户这一心理，同时向客户展现了你的诚意。对于销售员来讲，除了要舍得在客户身上花钱，更为重要的是多花时间进行情感投资。

面对客户，要让客户明白，你所能办到的事情并非每个销售员都能办到，将产品本身的价值除外，你可以为客户提供更多，这就是所谓的附加值。通过提升附加值来为客户创造更多的效益和价值，会得到客户更多的信赖，有助于推进销售进度。

7. 好奇策略：让客户产生好奇心

如果想让客户产生购买行为，就要利用客户的潜意识，让客户潜意识里喜欢，这样才能推动行为。就比如说，很多人都收到过包装好的礼物，其实对于礼物本身的兴奋度并不高，最兴奋的是打开礼品包装的那一瞬间。原因就是我们不知道里面装着什么。在销售过程中，如果能让客户产生好奇心，那么，你的销售就成功了一半。

用好奇心拴住客户

每个人都有好奇心，对于不了解、不熟悉、不知道的事物都存在好奇心理，就销售而言，可以好好利用客户的心理，将客户的注意力引到推销上，把握好客户观察产品的时间，在为客户答疑解惑的过程中说服客户，当客户反应过来时，其实已经决定要购买了。

销售工作中遇到拒绝是常有的事，此时你可以利用“只说一句话”或“只需要十分钟且不谈销售。”等这样的话语引起客户的注意与再思考，可以让你获得再次与客户交流的机会。

乔•库尔曼想要去拜访一位很忙的客户，经朋友介绍，乔•库尔曼取得了这位客户的联系方式，他给这位客户提前打了个电话：“×× 先生您好，我是人寿保险销售员，是 ×× 让我与您联系的，我想拜访您，不知道您什么时候有空？”

客户真的很忙，他说：“保险销售吗？我已经被多家保险公司‘盯’上了，我真的不需要，最重要的是我并没有时间。”

乔·库尔曼说：“您很忙，这我知道，可是，您能否抽出十分钟时间，真的只要十分钟就够了，我向您保证绝对不推销保险，只是和您随便聊聊。”

听着乔·库尔曼的话，客户心理有疑问，做销售的不推销，那还叫销售啊？他很好奇乔·库尔曼会和他聊什么。也就十分钟时间，于是客户说："好吧，明天下午四点你过来一趟吧。"

乔·库尔曼欣喜地说："谢谢您，我一定准时到。"

乔·库尔曼争取到了拜访客户的机会，第二天他准时出现在了客户的办公室。他非常有礼貌地说："我知道您时间宝贵，我会遵守十分钟的约定的。"乔·库尔曼在这段时间里，尽可能简短提问，让客户多说话。十分钟不知不觉过去了，乔·库尔曼主动提出："××先生，十分钟时间已经到了，我想我得走了。"此时的客户兴趣正浓，不愿就此结束话题，客户说："不要紧，你继续说吧。"就这样，话题继续。在与客户的闲谈过程中，乔·库尔曼获得了较为重要的销售信息，而客户对于乔·库尔曼的印象也极佳。三次拜访过后，客户签了保单。

乔·库尔曼成功引起了客户的好奇心，并赢得了客户的好感，所以接下来的销售也就越来越顺。

有效激发客户的好奇心

当客户对你是谁，你可以为他做什么感到好奇时，你的销售就会容易得多，那么，如何激发客户的好奇心呢？

1. 用问题刺激客户。当你的问题带有一定的刺激性，客户就会产生好奇心，未知的东西大多数人都会感兴趣。而且刺激性的问题会让客户越发想知道你要问什么。比如说"我可以问您一个问题吗？"此时，不仅仅是对你问的问题好奇，也有好为人师的天性。此时，大多数客户都会回答："可以，你说。"

一般在拜访客户时要想办法激起客户的好奇，除此之外，销售阶段也要找机会提出刺激性的问题引导客户做出让你满意的决定。

2. 群体效应。我们常说：“大势所趋。”整个局势朝一个方向发展，结果会怎样？拜访客户，如果客户知道所有人都有着共同的趋势，他必定会参与，还会想知道更多的信息。销售员说：“袁先生，坦白说我已经为您的大多数同行解决了一个很重要的问题。”这样一句话足以勾起袁先生的好奇心。袁先生甚至会主动提出参与，他想知道大多数人的问题到底是何问题。

3. 讲一半留一半。有很多销售员将大量精力放在拜访客户上，空出大量的时间来满足客户的好奇心，可是，却很少去想如何激起客户的好奇心。这类销售员想的是，自己存在的价值就是为客户答疑解惑，为客户提供信息。当他们向客户提供了全部的信息，客户的好奇心是得到了满足，但却没有了进一步参与的欲望。原因很简单，客户已经对你的产品了若指掌，便不会再有好奇心，为什么还要花时间去听你的销售陈述呢？

所以说，如果想激起客户的好奇心，让客户主动了解产品信息，那么，在提供信息时不妨讲一半留一半，就如看一部自己感兴趣的电影，看到一半没有了，那么便会一直想着，甚至辗转难眠。只要吊足客户胃口，对产品产生兴趣，就成功了一半。

4. 展现与众不同的东西。通常人们对于新事物都感到新奇、有趣，都想参与其中。这也是为什么人们对于新产品的信息那么在意的原因。比如你可以这样说：“孙总，我们有两款新产品即将上市，可以帮助人们解决……”如果你的新产品确实与客户息息相关，那么，客户就会非常关注，提前了解也显得很重要。如果要保持神秘感，还可以告诉客户，需限制参与客户的数量，并且签订保密协议，这样就显得与众不同，具有独特性，客户也会乐意接受。

8. 迎合策略：看人下“药”

俗话说：“见人说人话，见鬼说鬼话。”作为一名销售员，想要接近客户，专业的谈话方式是非常重要的，面对不同的人、不同的环境要采用不同的谈话方式，这样才能取得最佳的效果。

当然，并非是让你做一个“变色龙”或“墙头草”，出发点是和客户进行良好的沟通，以此来满足客户的心理需求。运用恰当的语言技巧，采取迎合策略，将话说到客户的心坎儿里，难道还会担心签不到单吗?

良好的谈话方式体现的是销售员的职业素质，在与客户进行交流时，应该如何展现自己的谈话水平呢？看人下“药”不仅是一门技术，也是一门艺术，一个优秀的销售员除了要具备丰富的专业知识，更要注重谈话艺术。

谈话的艺术

在生活中每个人都有不同的说话方式，一言不和，说不定转身就走了。但是在销售行业，一定要具备专业的谈话方式。在与客户交流过程中，耐心必不可少。有些销售员急于求成，在与客户见面不到五分钟就开始大聊特聊自己的产品如何如何好。过于强烈的目的性会让客户很不舒服，感觉你就是来赚他钱的。此时，客户就会产生很强烈的防备心。当客户还停留在对你的认识阶段时，你已经转移了注意力，将全部精力都转移到了产品上，这样的谈话方式所产生的效率是很低的。

在销售过程中，会遇到各种各样的客户，快速与其建立良好的关系，是每个销售员都需要学习的。说话讲究技巧，如果销售员在与客户说话过程中无所忌讳，失败是必然的。因此，销售员无论何时何地都要注意谈话方式，“一条路走到黑”，只会将客户推得越来越远。

推销的最终目的就是让客户埋单，要做到这一点，首先就要满足客户的需求。大多数的人在买东西时都会做比较，不会轻易下单，在与客户进行沟通时，要时刻注意客户的需求，适时迎合客户，打消客户的担心及顾虑，取得客户的信任，达成交易。

找准对象再下“药”

大学刚毕业的林业，为了锻炼自己，找了一份销售员的工作。刚开始，每天都跟着老员工出去跑业务，从中学习工作经验。

这天，林业跟着老员工去拜访一位客户，老员工与客户寒暄几句后，两人就如老朋友一样开起了玩笑，客户还勾着老员工的肩膀，约他有机会一起打球。两人相谈甚欢，很多话题都与业务无关，但客户显然很高兴。老员工巧妙地将话题引到了业务上，客户很痛快地签了合同。

回去的路上，林业心想：原来做业务这么简单，只需要把客户哄开心了就行。之前还听说要约谈一个客户非常困难，想要签单更难。看来自己是块做业务的料。

抱着这样的心理，林业开始主动请缨去见客户。主管将一个客户交给林业去负责。带着激动的心情，林业心里盘算着如何像老员工一样逗客户开心。见到客户后，林业傻眼了，这是一个不苟言笑、惜字如金的客户。林业保持微笑找各种话题试图与客户沟通。客户用惊奇的眼光看着林业，用一张严肃的脸说：“等贵公司派个专业一点的业务员再来和我谈。”听了客户的话，林业的笑容僵在了脸上。

林业心想：虽然做业务时间不长，但专业知识是过关的，还参加过培训，客户都还没听他介绍呢，怎么就说自己不专业呢？

林业突然意识到，这个客户与老员工见的那个客户是完全不同的人，不能用同一种方法对待。他收起笑容，将自己整理的资料递给了客户，说："王总，刚才对不起，之前有些误会，这些是我们公司产品的相关资料，有什么需要我说明的您请说。"客户将信将疑地开始翻看资料，林业在一旁适时为客户解答，话不多，却都在点上。听着林业的介绍，客户频频点头。客户又问了一些专业知识，林业都一一回答。合同很快就签订了。

在与客户面对面交流时，要因人而异，同一种方式不一定适合每一个人，用错了方式，找错了对象，往往会事倍功半。

林业一开始完全按照老员工的套路做事，可自己遇到的却是完全不同的客户，结果适得其反。老员工的成功，一方面是先与客户寒暄之后，了解了客户的脾气秉性，喜欢那种大而化之的交流方式，于是对症下药，签单也就顺理成章了。好在林业最后反应过来，知道客户是个严谨的、不喜欢开玩笑、以专业说话的人。于是改变策略，正确下"药"，从而顺利签单。

让你的谈话发挥最佳效果

与客户交流要讲究技巧，不能以偏概全，除了要会说话，还要说对话，这样才能给客户留下好印象，你的谈话才会变得有价值。在具体的交流过程中需注意以下几点：

1. 从性格入手。与客户见面，不要一开始就热情过度，要先从最基础的问候开始，慢慢探索客户的性格。如果客户属于内向型的，说话就要轻缓些，多余的话不要说。外向型的客户可以用幽默的语气与之交流，以此来配合客户的说话方式。

2. 注意谈话方式，通常可分为：

• 倒豆式。通常用这种方式的都是对客户已经非常了解了，大多是知无不言，言无不尽。

• 引导式。有时候客户的回答并非是正确的，此时，不管客户会不会在意都不应该直接指出，而是用引导的方式让客户自己去体会。

• 评论式。在谈话过程中不要急于下结论，在与客户进行交流时，客户或许会提到竞争公司的产品怎么怎么好，此时，不要着急去与客户争辩，而是站在中立的角度进行评论。

谈话不只是简简单单的说话，这是一门很深的学问，人物、场合、状态等的不同都会对谈话造成影响，只有选择合适的谈话方式，迎合客户的心理，才可以无往不利。

9. 自信策略：吸引客户的磁铁

大多数的企业对员工的要求都有“自信”这一点，尤其是对销售员来讲，自信意味着成功了一半。

一些刚入行的销售员在面对客户时，会紧张，缺乏自信，不懂得如何与客户沟通。被客户一次次拒绝后，便更加心灰意懒。作为一个销售员，首先要自我肯定，相信自己可以做到，这种积极的心态是你取得成功的精神力量。

我们都知道，要取得一个人的信任是非常难的，在与客户会见时，你的自信会通过言语、举止等表现出来，以此来取得客户的信任。如果你自我否

定，那么，传递出来的信息就会让客户对你及你的产品产生质疑，觉得你是不可信的。

因此，在与客户进行沟通时，要时刻提醒自己：我是最棒的；我们公司是最棒的……这样无形中你就会流露出一种自信，客户便会对你产生信任。

当然，也别自信过了头，避免给人自以为是的印象。一个销售员，如果专业知识不过硬，只是生硬的说自己的产品好，可好在哪里，又说不出个一二三来，这样就会让客户对你的信任大打折扣。如果让一个不懂建材的人来推销建材，就算要求他一定要自信，并教给他很多华丽的介绍语，想要取得客户的信任还是很难。原因很简单，他的表述华而不实，如果客户想了解更深层的东西，他就答不上来了。所以，只有专业技能过关，才能有自信站在客户面前，面对客户的刁钻问题，也能对答如流，进而获得客户的信任。

你认为你行，你就一定行

乔·吉拉德能成为世界上最伟大的推销员，与他的自信是分不开的，正如他说的："要燃起熊熊的信念之火，你认为你行你就一定行，每天都要不断地对自己重复这样的念头。"

乔·吉拉德的成功并非偶然。最初的乔·吉拉德过得并不好，债务缠身，做任何事情似乎都不顺。从很小的时候，乔·吉拉德就对汽车很感兴趣，他了解汽车的构造、性能。最终他决定要做一名汽车推销员。

其貌不扬的乔·吉拉德应聘并不顺利，销售经理准备找借口打发他走。或许乔·吉拉德明白了经理的意思，但他并没有放弃，他对经理说："尊敬的经理，不录用我将会是你们最大的损失，您只需要给我配备一张办公桌、一部电话即可，两个月后我会成为全公司最好的销售员。"经理对乔·吉拉德的话很感兴趣，看着自信的乔·吉拉德，经理决定给他一次机会，签订了协议。

两个月后，乔·吉拉德卖出了公司最高的销售纪录。

乔·吉拉德的成功是必然的，因为他有着必胜的信念。这一信念会支撑他将全部精力投入到工作中去。在与客户进行交流的过程中，专业知识加上必胜的信念，让他展现给客户的便是最好的精神面貌，客户对他的信任也会更加深。

对于一个销售员来讲，缺乏自信是失败的最主要原因，当你认为自己的产品卖不出去时，还怎么说服客户去买呢？一遇到困难就退缩，还将这种不良情绪传递给客户，客户该如何信任你？

就客户而言，你的自信要比你的产品更为重要。我们都愿意与自信的人打交道，这样的人容易让人信服，给人带来满足感。因此，一个合格的销售员，首先应该是一个自信的人。

用自信赢得信任

不管你身处何地，保持自信是非常必要的，它会为你的成功打下基础，客户面对自信的你也会增加几分信任感。那么，如何来表现自己的自信呢？

1. 仪容仪表。在你未开口之前，你的精神面貌便是留给客户的第一印象，如果衣着得体、举止大方、笑容可掬，在与客户交流时，目光坚定，那么，客户对你的印象便很好，为你的下一步工作打下了一个坚实的基础。

2. 情绪管理。面对难缠的客户，不要急于去争辩。首先要对自己的产品有信心，面对客户的无礼、拒绝与压价，不要紧张，否则会让客户抓到漏洞，进而对你失去信心。

3. 忌骄傲。俗语说："过满则亏。"凡事要有度，过分自信就是自负了，自信不足又显得过于怯懦。在与客户的沟通上，要处于相互尊重的层面，这样才能吸引客户进一步去了解你的产品。

10. 诚信策略：时刻表现出你的诚信

人无信不立，业无信不兴。古往今来，无论从事什么行业，诚信都是最为重要的。尤其是对销售而言，诚信是最长远、最有效且最高明的方法。欺骗或许能获得一时的利益，但损害的是更多的利益。林肯也曾说过："一个人可能在所有的时间欺骗某些人，也可能在某些时间欺骗所有的人，但不可能在所有的时间欺骗所有的人。"不要将你的小聪明、小手段用到销售上，即便偶尔成功，那也是极为短暂的。如今，信息如此发达，见不得光的小伎俩很容易被识破的。

我们可以观察到，那些在销售行业占有一席之地的人，他们或许热情，或许内敛，或许怪异……他们各有不同，但有一点却是相同的，便是诚信。销售的最终目的是成交，但并非是最终的目的，只有诚信当头，才能受益多多。

你为什么会失信？

市场经济下，客户选择的机会越来越大，如果你不好好把握，就很可能失去一个甚至更多的客户。因此，获得客户的信任非常重要。可是，在销售过程中，总会有些销售员会失信于客户，以至于痛失客户。那么，他们失信

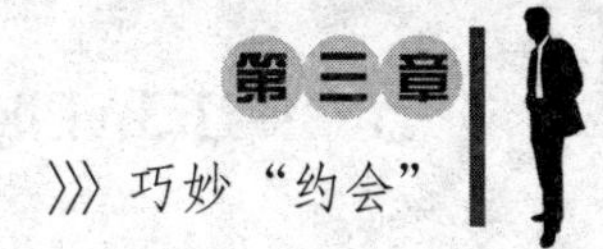

于客户的原因是什么呢?

1. 认识不清。很多销售员为了签单真的是使尽招数，有些甚至在客户提出某些要求时，想也不想就答应。比如说，客户要求几号前必须发货，一些销售随口答应。等合同签了，回去后一落实，本公司的车辆都出行了，外面租车又划不来……最后推迟了几天发货，失信于买家，续约连谈的必要都没有了。甚至还有更糟糕的处理方式，有些销售员明知承诺无法兑现，却听之任之，不向客户致歉并重新约定。有的甚至连解释都没有，这样还如何做好销售？一锤子买卖是最愚蠢的。

2. 急功近利。有些销售员为了将产品推销出去，无所不用其极。对于自己无法做主的事不请示，一门心思想着先让客户签单再说，于是私自承诺。有些销售员则是喜欢用模棱两可的言辞，对客户进行暗示，更有甚者会编造谎言欺骗客户。这类销售员一般只贪图眼前的利益，急功近利的结果就是失信于客户。

客户："这款洗衣液可以洗小孩子的衣服吗？"

推销员："当然可以，这是我们公司的新产品，大人小孩都可以用。"

客户看了眼推销员说再看看，转身就走了。

我们再来看看另一位推销员是如何说的。

客户："这款洗衣液可以洗小孩子的衣服吗？"

推销员："您的孩子多大了？"

客户："七岁了。"

推销员："哦，那就没问题，这款洗衣液是中性的，三岁以上的小朋友使用是没问题的，您看这里有配方……"客户欣然接受。

很多销售员在为客户推销产品的时候，问题还没弄清楚就急着夸产品好，根本不考虑是否真的适合客户，故无法赢得客户的信任。

3. 处理有误。有的时候并不是销售员真的失信于客户，只是某个环节处理不当，让客户产生了误解，给人一种不守信用的感觉。此时，要有耐心向客户解释。

失信于客户并不只是这些原因。不管因为何种原因，失信于客户都是一件得不偿失的事。因为客户也会有样学样，当你的大多数客户都不守信时，你就该反思，是不是自己的不守信让客户产生了不满，使合作变得尴尬。

让诚信成为你最好的名片

社会在飞速发展，可人与人之间的信任却存在极大的危机，尤其，销信与客户之间是对立面。就销售而言，如果想要有所建树，诚信必不可少，以诚信为行为准则，你会获得更多的意想不到的利益。对于销售来说，诚信主要有以下三方面内容：

1. 对自身产品的诚信。一个不了解自身产品的销售员是做不好销售的，优秀的销售员应该完全了解自身的产品，坚信产品通过自己的推销可以为客户创造价值，如此一来，在工作时就会信心倍增，效果也是显而易见的。

2. 对企业的诚信。在推销产品的过程中，你代表的不仅仅是个人，你后面站着的是一个企业。企业的发展需要每个员工的维护，作为销售员要时刻考虑企业的利益。在与客户沟通时，也要注意自己的言谈举止，维护企业形象。要知道，只有企业好了，你才能更好。

3. 对客户的诚信。这是对每一个销售人员最基本的要求，在沟通过程中，与客户建立信任关系。这里的诚信主要是指不能夸大产品的功能，不能用以次充好，不能随便承诺无法做到的事……

让诚信成为你的名片，它会为你带来更多利益。不要轻易毁了你的诚信，对于客户而言，你的一次失信，就很难有第二次的机会。

那么，如何获得客户的信任呢？

1. 时刻注意培养与客户的信任感。在与客户第一次见面时信任感的建立就展开了，而且要贯穿于每一次沟通。比如说，某销售员与客户的第一次约谈很愉快，客户对销售员有了一定的信任度。第二次约谈，本来约上午九点，可销售员有事耽误了，他想着与客户已经熟悉了，迟到一会儿没事。于是，在没有跟客户说明原因的情况下，九点半才到客户办公室。客户是个时间观念很强的人，第二次沟通很不顺畅。诚信的建立无处不在，每个人内心都有一个评定的标准，有时看似一件很小的事，但对方却不这样认为。诚信不是三天打鱼两天晒网的事，要时刻记于心中，落到实处，才能与客户慢慢拉近距离。

2. 用实际行动赢得信任。只是嘴上说“我是个很讲诚信的人”，是远远不够的，要从客户的实际需求出发，全心全意付出，这样才有收获。比如：一个销售员在与客户第一次约谈时很成功，交谈过程中，两人谈到了集邮爱好。客户惋惜有一张邮票没有集到，销售员说他可以帮忙找。客户本没有抱希望，第二次约谈时已将这件事忘记了。没想到销售员适时将邮票给了客户，客户欣喜若狂，对销售员也是刮目相看，他没想到这位销售员是这么守信之人。之后的沟通很顺利，当场签单。

3. 不要因小利而失大益。不要做一个目光短浅的销售员，为了眼前小利而损害客户的利益，让客户产生不信任感。即便之前相谈甚欢，也会因为这一点点的小事而毁于一旦。

无论是否面对客户，都要时刻表现出你的诚信，这是你一生取之不尽的财富。

第四章

让“见面”不再尴尬
——“如故”销售开场技巧

你将在本章学到：

- 如何销售开场
- 开场白的注意事项
- 开场白要点把握

关键词： 开场白　开场话题　开场方式

1. 勇敢开口，见机行事

初次见面，因为相互之间不熟悉，往往需要开场白。如果开场白过于糟糕，那么，接下来的交谈就会变得非常尴尬。一个销售员，在面对新客户时，首先要做的就是勇敢开口，开场白直接关系着你的下一步进展是否顺利。

不过，很多销售员都会遇到一个问题。在见到客户之前准备了一大堆开场白，做了很多心理建设，将各种问题都考虑了一遍，可是，一见到客户，胆怯心理就开始作祟。当你问他们在害怕什么的时候，他们又说不出个所以然。“我不喜欢与陌生人打交道。”“我和人家非亲非故，人家凭什么要相信我及我的产品？”“如果我这样贸然去打扰人家，万一被拒绝了怎么办？”……各种各样的理由，让很多人变得不敢开口，还没开口就被自己一系列的“万一”吓走了。亦或者因为环境因素或是客户性格原因，销售者就会产生心理障碍，之前准备的开场白就不敢说出口了，或是有所保留，导致结果不如预期的那么好，销售进度也因此被拖延。

开了口，你就成功了一半

一切有效的沟通都从开场白开始，没有开场白就没有开始，你的销售也无法进行，当然，这样做你或许不会感到失败，但却失去了一次成功的机会。勇敢开口，你就有了进一步了解客户的机会，接着见机行事，一步步打破尴尬。

一般来讲，当一个销售员对开场白不够自信，不敢开口时，通常有两个原因：

1. 害怕失去客户，怕失败。很多销售者在去见客户的路上总会想，如果失败会怎样？如果客户出言不逊该怎么办？其实，这些都是自己吓自己。你只需记住，此行目的就是将你准备好的开场白完美展现在客户面前。敢于向前冲，才能赢得客户。

2. 对自己及公司产品不自信。很多销售员总担心推销的产品客户不喜欢，其实，当你选择推销这款产品，首先就是要对产品有信心。试想一下，连自己都无法信任产品，谈何让客户去接受呢？

在销售过程中，会遇到各种各样的客户，有的客户好说话，三言两语就可以说服他们，即便中途出现小错误也会被原谅。而有的客户则比较喜欢刁难人，在整个的销售过程中，占据主导位置。一开始便挑产品的毛病，借此封住你的口，此时，开始说话就会处于被动位置。你的节奏会被打乱，一些问题想问却迟迟不敢开口，进而影响销售。面对这样的情况，不要被客户的刁难所吓退，可以仔细听客户所说的话，从中把握时机，在合适的时机将你要说的话说出来，慢慢开始主导销售过程。

当你开了口，就意味着你正走在成功的路上。

被嘲笑了也要开口

作为销售员被客户刁难是常有的事，尤其是一些没有经验的销售员，他们无法应付客户突如其来的想法。面对客户的指责，他们有时会觉得委屈、没面子，为了维护面子，他们就会选择性开口，对于没有把握的客户一般不愿轻易开口。正因为如此，他们也失去了很多客户。

乔·吉拉德在刚刚做汽车推销员的时候，情况并不好。在当时，汽车推销是非常困难的，能达到买汽车水平的人很少。因此，乔·吉拉德不免会遭到嘲笑。

为了提升业绩，乔·吉拉德想了各种办法，他制作了很多名片，每天早上都会拿着名片出门。在去公交站牌的路上，他会将名片发给每一个遇到的人，并告诉他们，自己是个汽车销售员。面对突如其来的介绍，很多人都用异样的眼光打量乔·吉拉德，好像在说：有病吧！

面对各种各样的质疑声，乔·吉拉德从未放弃。在公交车上，他会将名片发给除司机以外的所有人，并一一向他们勇敢介绍自己。

拿到名片后，有人怒斥他，让他走远点；有人看也不看直接扔到地上……总之没有一个人想要去了解产品。面对众人的不理解，乔·吉拉德以平常心对待，看到客户依然自信的接待。慢慢地，就成为了世界上最伟大的推销员。

总有一些销售员，在客户否定之前就先自我否定了，结果一无所获。不要把客户当成洪水猛兽，只要你的产品正是他们所需要，你的形象良好，客户一般不会让你难堪的。不要因为客户的一句“我不需要”就打退堂鼓，就把准备要说的话又咽回去，以至于之后的推销也受到影响。要知道，并非每个客户都是一样的，有那样的举动，或许刚好心情不好，亦或者他暂时不需要你的产品。

法兰克·贝德佳说：“如果你是懦夫，那你就是自己最大的敌人；如果你是勇士，那你就是自己最好的朋友。”在面对陌生人，首次开口说话时，大多数的人都存在紧张感，其实，就是害怕被拒绝，想为而不敢为，结果导致销售一再被中断。销售是个复杂的环境，会接触到形形色色的人，要想成为一名优秀的销售员，就要有无限的精神。泰山压顶，也要面不改色，保持平静的心态，当你勇敢地开口，迈出第一步，之后的事便会越来越顺利。

2. 找准话题，打破沉默

孔子曰：“道不同，不相谋。”销售员与客户一开始都是陌生人，只有在最短的时间里缩短彼此的距离，才能使沟通变得融洽。正所谓，志同道合，方能谈得拢。古时便有“一见如故”一词，陌生人之间可以相谈甚欢，主要在这个“故”字上，只有找准话题，变“生”为“故”，才能避免尴尬。

曾有一个人说过：“如果你可以与任何人连续谈上十分钟而又能让对方发生兴趣，你便是最优秀的交际人物。”就销售来讲，与客户见面时，要选择合适的聊天话题，才能使沟通顺利。

寻找共同话题，让见面不尴尬

与客户见面，如果有了好话题，相处就会融洽，好话题对于初次交谈双方非常重要，是在为深入细谈打基础。只有找到与客户的共同话题，客户才能对你产生好感并信任你，进而购买你的产品。那么，如何寻找共同话题呢？有什么技巧？

1. 从客户需求入手。有些销售员或许是因为紧张，或许是性格使然，开场白设计得过于商业化，如同背书一样，一张嘴就注定了此次销售以失败告终。这类销售员考虑问题大都从自身出发，只是希望将自己掌握的产品信息快速灌输给客户，却没想过，客户是否感兴趣。当他们将产品信息介绍完之后，希望得到客户的反馈信息，却发现，客户并没有开口的意思。可怕的沉默，让交谈变得尴尬。

举个例子：一个销售员约见了一位客户，一见面销售员就说："张经理，您好，我是××公司的销售代表，这是我们公司新推出的产品，在老款产品的基础上，又增加了新功能，它可以……"

……

客户听完销售员的介绍，面无表情，也没有接话。

销售员："您先看一下产品资料，里面有详细介绍。"

销售员局促地递上资料，客户象征性翻了两页，便放在一边。

客户："很抱歉，我们公司暂时还不需要这款产品。"

谈话结束，失败收场。如果话题没有找准，就无法实现互动，销售还如何进行下去？一个销售员如果真正关心客户的需求，是很容易找到共同话题的。反之，即便你将产品说得再好，客户也提不起兴趣。

2. 从客户兴趣入手。通常情况下，客户不会立刻对你的产品感兴趣，此时就要挖掘客户感兴趣的话题，然后适时引出自己的销售目的，就不会引起客户的反感。一般能引起客户兴趣的话题有：

• 客户的工作。如客户曾取得的成就，工作的性质及前途等。

• 客户的爱好。如休闲方式、运动项目等。

• 时事新闻。每天可以浏览一下当日的报纸，了解重大新闻与客户进行讨论。

• 时下热点话题。如房价、奥运会、世界杯等都可以。

要了解客户的兴趣，就需要花费一定的精力与时间。

张凡通过电话结识了一位客户，在电话里，张凡知道这位客户对他们的产品比较感兴趣，他也给客户寄去了产品的相关资料，可是，客户迟迟没有答应面谈。这次，张凡又试着给客户打电话，客户说他工作很忙，周末也约了友人去骑马。

张凡后来经过打听，知道这位客户是位品位极高的人，酷爱骑马。了解到这样的情况，张凡便着手去查关于骑马的信息。一周后，张凡对城市所有著名的骑马场都了若指掌，他还专门去学了骑马。

再一次与客户电话联系，张凡并没有提关于产品的事，而是向客户推荐了一个骑马的好地方，不仅马匹优良，场地大，配套设施也齐全。两天后，张凡与客户在那家马场相见了。见面后，张凡也没有谈销售，先为客户挑选了一匹好马。张凡骑马的技术也让客户刮目相看。临近结束，两人牵着马走向马厩，客户主动谈起了产品，合约就此达成。

找到客户的兴趣所在，你也要有此兴趣。我们都知道，沟通是双方的。如果你没有兴趣，却装作喜欢的样子，答得勉强，客户的谈话热情就会消退，沟通难以继续。即便找准了话题，有了开头，却没有了内容，沟通也变得寡淡无味，无法达到预定效果。

有些话题不能起头

有些销售员为了打破沉默，慌不择路，拼命搜索话题，结果要么是自说自话，要么连自己都说不下去。那么，哪些话题是需要避开的呢？

1. 自己不知道的事不要轻易开口，冒充内行是最愚蠢的行为。

2. 一味夸赞自己。虽然每个人对自己都是最熟悉的，但不停在第一次见面的客户面前夸赞自己的成就、家庭等，会让客户反感。

3. 议论朋友缺陷或是失败，这种贬低他人的行为会让客户看不起。

4. 争议性的话题免开口。

5. 向客户诉苦或发牢骚，不要妄想客户会同情你，反而让客户觉得你并不是来工作的，不够专业。

与客户见面，如果缺少了共同话题，谈话就会变得很别扭、压抑。陌生客户面前，交流本身就有一定障碍，如果找不准话题，沟通就会难上加难。所以，销售员一定要找到共同话题，并围绕这个话题展开交流，引导客户。当对客户有了深入了解，便容易取得客户的信任，促成交易。

3. 有度寒暄，烘托氛围

与客户打交道，客套话是少不了的，在很大程度上，“寒暄”可以拉近彼此的距离，烘托氛围，对后面的沟通很有帮助。也许有人会不以为然，觉得“寒暄”就是随便聊聊，扯一些无关紧要的话题，不值一提，那就大错特错了。

“寒暄”并非漫无目的的瞎聊，而是在面对客户时打开话题，与客户进行互动，建立信任。从实际意义上来讲，寒暄与我们所要传达的内容毫不相干，看似不重要，可是却不容忽视。从某种意义上来讲，寒暄是一种情感的分享，很容易营造友好的气氛。

见客户的第一句话便是问候语，值得注意的是，问候语要有度，过于热情或机械化都会让客户感到不适。面对新客户，销售人员要在一瞬间准备观察判断情况，因时、因地、因人而选择最恰当的问候方式。

让寒暄带动气氛

寒暄的过程虽然都是“废话”，但能使客户短时间里对你产生好感。寒暄也是有讲究的，如何让寒暄发挥作用，使气氛变得融洽？这是需要一定技巧的。

1. 大胆交流，抛出话题。对于一些新入行的销售员，在初次与客户见面时不知道与客户说什么。总是顾虑很多，进而造成冷场，气氛变得尴尬。在与客户见面前可以事先准备好话题，放大胆子与客户聊。

2. 从多方面入手。寒暄可以是多方面的，不一定仅限于业务。寒暄可以从天气、爱好、时事等聊起。聊一些客户感兴趣的话题，当然，这也需要销售有着广泛的兴趣爱好。

3. 避讳隐私。涉及客户隐私的话题不要说，除非客户主动告诉你。一位销售员去见客户，去之前他了解到客户刚刚离婚。一见到客户，刚打完招呼，销售员为表自己的关心说："陈先生，听说您刚刚离婚，您也别想太多，像您这么优秀的人……"一听销售员的话，客户便寒着一张脸，气氛也变得异常紧张，结果可想而知。

让寒暄更自然

寒暄是为后面的谈话做铺垫，寒暄是否自然、得体直接关乎下面的谈话，所以，在进行寒暄时一定要注意以下几点：

1. 真诚。寒暄要真诚、自然、妥帖，如果言不由衷，说一些过头的恭维话，会让客户觉得你不够可靠。比如"久仰大名，如雷贯耳"，这样明显夸大的话会让客户反感，与场合也不符。

2. 看对象。面对的客户不同，寒暄语自然也不同。面对的客户有年长者、女士；不苟言笑者、热情者……不同的人所使用的寒暄口吻、话题也不同。年长者可以多聊聊他的奋斗史；中年女士可以夸赞其有气质、能干；年轻人可以谈理想、抱负、运动等。不管谈什么都应该让对方感受到你的亲切，气氛才会变得融洽。

3. 看场合。面对不同的场合，寒暄也不同。庄重、严肃的场合，寒暄就不能过于随便。如约在咖啡厅等较为随意、轻松的场合，寒暄自然也随意些。

寒暄多为应酬的话，面对陌生人通常都会带着防备心，寒暄就是开场白的开场白，其目的就是让客户放松，在轻松的环境下商谈。销售员要记住，沟通的目的不仅仅是交一个朋友，不要因为相谈甚欢就不好意思开口提产品，那便失去了沟通的意义。

4. 准确打靶，把握重点

在生活中，常常碰到这样一种人，话说了一大堆，绕了一圈，可对方还是不明白，他要表达的是什么。在销售过程中，很多销售员也会犯这样的大忌。如何抓住问题的核心？如何一针见血将自己的观点表述出来？如何展现自己的语言魅力？这些问题是很多销售员亟待解决的。

销售成功与否，很大程度上取决于销售员的口才，产品固然重要，但销售员的语言更重要。会说话的人并不是说他多么能说，而是他说的话别人愿意听，抓住重点，便抓住了对方的心。

一些没有经验的销售员总是无法很好地表达自己，在介绍产品也过于生硬，客户自然不喜欢。那么，如何改善呢？其实，做销售就如同打靶，要想赢，只能命中红心。

你为什么打靶打不准

做销售，一次就成功的并不多见，尤其是大生意，都是经过多次接触，进行深入了解后才达成一致意见的。所以，被客户拒绝一两次并不算什么。可是，很多销售员在被客户拒绝几次后便觉得自己可能不适合做销售。其实，在很多时候，并不是你不会说话，无法打动客户，而是你没有找准“靶心”。

在进行开场白时，是否把握了重点，决定了与客户能否进一步发展。在与客户交谈过程中，需要销售员把握好语言技巧，将自己的意思准确且巧妙地传达给客户，让客户觉得你所说的每一句话都是他正好需要且喜欢的。在谈业务时，讲究的是效率，尤其是面对大公司谈业务，简明扼要很重要，直接切入主题，会让客户觉得你很专业，不要担心客户听不懂，不要低估客户的理解力，在谈大业务时，最忌说一大堆看似与业务相关，实则没一点帮助的废话。有的销售员在见到客户后将产品从里到外介绍了一通，看客户没什么反应，于是又将话题绕了回去，如此反复，客户是很难产生好感的。

快节奏的社会让人们的时间与精力都变得非常宝贵，谁愿意坐下来听一堆废话？面对面沟通本来就是一种难能可贵的机会，如果不好好把握，将主要意思表达出来，是很难留住客户的。当你推开了客户的门，就要明白此行的目的，是为了锻炼自己还是仅仅为了取得联系？是仅仅了解客户的意向还是一举拿下客户？沟通肯定要有目标，没有明确的目标，还怎么打靶？还怎么打得准？

苏恒刚刚从事销售工作，对一切都较为陌生，经过三个月的培训和熟悉，苏恒对工作有了一定了解。经过同事的帮忙，他终于约到了客户，获得面对面交流的机会。在去见客户的路上，他想：从哪儿开始介绍呢？得先让客户了解产品的强大的功能。后来又想：不行，这样太浪费时间了，客户根本没时间听，还是先从给予客户的好处说起，客户肯定感兴趣。再后来又想：这也不行，客户会认为自己太急功近利了，还是从产品带给客户的价值谈起吧……直到到了客户办公室，苏恒都没确定下来从哪儿入手。开了头，苏恒东一句西一句地说着，完全不知道要表达什么。结果可想而知。

所以说，找准自己的目标非常重要。只有目标明确了，集中精力便可一击即中。不过在交谈过程中还需要注意以下几点：

1. 简洁明了。与客户交流，语言表达需简洁明了，高效的客户会非常欣赏。

2. 说服力。与客户说的每一句话都要有说服力，避免说一些与主题无关的话题，让客户能感觉得到你的产品可以为他创造价值。

3. 加入感情色彩。在交谈中融入情感，让你的语言更有层次感，以此感染对方。

想好了再说

一人一张嘴，为什么有人说出的话别人都爱听，而有人说出的话会让人反感，这都取决于一个人的思维。用好自己的嘴就要先学会思考。当你准确把握语言艺术时，事情就会朝着你所预期的方向发展。

一些销售员在面对客户时总是会紧张，一紧张都不知道该说些什么了，遇到超出意料的问题就会手中无措、语无伦次，说话没有条理，缺乏逻辑性，致使谈话失败。我们可以观察一下，通常那些成功人士在情绪波动比较大的时候，一般是不处理问题的，因为这种情况下容易出错。同理，销售员遇到不可预料的事时，保持冷静是非常重要的。在与客户交流过程中，发生超出想象的事很正常，毕竟我们都没有预知未来的能力。当你用冷静的头脑面对各种问题时，问题就会迎刃而解。

有一个人从小就喜欢说话，朋友也说他，“死的都能说成活的，不做销售可惜了”，他也觉得自己适合做销售。于是找了一份销售的工作，半年过去了，公司上下都知道他特别能说，和谁都能说上几句话，可是却业绩平平。经理从中找到了原因。他在接待客户时，根本不给客户表达的机会，客户偶尔的提问，他也是一笔带过，然后又开始滔滔不绝。客户都起身准备走了，他还是说个不停。最要命的是，他说的话没一句重点，且不是客户所关心的。

由此便可明白，能说不代表会说。当你只是按照自己的思维的去考虑问题时，是很难抓住客户的。拿律师来讲，如果证词不充分，无法直指案子重点，哪怕再能说又如何？到最后还是会败诉。一个真正优秀的律师，无须多说，只需一两句话直指问题核心，便可打击到对方，获得胜利。销售员亦如此，想好了再去说，把握重点，在有效的时间里让客户快速了解你的产品会为他带来的利益，相信客户会非常乐意听的。

5. 聊天开场，决不谈钱

销售员与客户之间存在交易关系，既然是交易，那就会涉及钱的问题，这是个很现实的问题。有很多销售员会将自己的产品说得头头是道，可是，在与客户谈价格时，要么自己变得支支吾吾，要么客户变得沉默，让沟通变得很尴尬。

与客户谈钱需讲究时机，如果开头就直接向客户介绍自己的产品怎么怎么超值，有什么功能，你只需要付多少多少钱就可以得到这款产品，即便你说得口干舌燥，也无法引起客户的兴趣。尤其是面对大客户，给你说开场白的机会已经是难能可贵了，如果听到的都是些无关紧要的话，他们便不会再浪费时间继续听。

在与客户见面时，可以试着与客户聊天，有时候开门见山也未必好。如果一上来就介绍产品，很可能会破坏此次谈话。过早亮出底牌，在接下来的谈话中你会变得很被动。

要先获得客户的认同感

约见客户，其实说到底最终的目的就是将客户兜里的钱转到你的口袋里。即便如此，也不能抱着这样的心态去与客户见面，那样是很难达到最终效果的。你首要做的是获得客户的认可，这样才有机会谈钱。那么，如何去获得客户的认可呢？

1. 以客户为中心。很多销售员在与客户谈话的过程中，总是将注意力放在如何向客户推荐产品上，如何让客户赶快掏钱，进而忽略了客户的真正需求，结果也变得很糟糕。以客户为中心不是简单的一句"您需要什么"，而是真正去了解客户的需求，比如你面前的客户是什么样的人？客户之前有用过你公司的产品吗？目前使用的是哪家产品？这些都是需要你去认真了解的。如果将这些问题融入到开场白，客户肯定会感兴趣，而且会觉得自己受到了重视，会更加信任你。此时，你再提出新的思想或建议，通常会欣然接受。

陈茵是一名销售员，主要推销办公用品。青春活力，对工作充满热情。可是，这些并没有为她带来好的业绩，已经工作一段时间了，即便天天出去寻找客户，可还是一无所获，这让她很懊恼。

某天，她得知隔壁大楼新成立了一家公司，她想，对方肯定需要大量的办公用品。通过努力，她终于得到了一个与老板面谈的机会。陈茵高兴得手舞足蹈，她想：只要这笔生意谈成，就会有一笔大的提成，就可以买心怡已久的衣服和包包了。陈茵越想越兴奋，似乎这些东西已经是自己的了。

到了约定时间，陈茵见到了这家公司的老板。陈茵开门见山地说："您好，这是我们公司主要产品的价格表，您先看一下，有什么需要您跟我讲。"老板也不是拐弯抹角的人，看过价格表后，就订了 10 张办公桌和一些小的办公用品。陈茵不免有些失望，这些订单根本不值一提。不死心的陈茵接着说："您看您公司刚刚开业，肯定需要更多的产品，我们公司的产品是最全的且价格也便宜，您是否考虑再看看其他的产品？真的不需要吗？"老板说："是的，我们真的不需要这么多办公用品。这样吧，如果有需要的话我再联系你。”就这样，陈茵灰溜溜地走了。

几天后，陈茵看到那家公司正在往楼上搬运办公用品，电脑桌、电脑椅、打印机、档案盒……可这些并不是她所属公司的产品。

当你把重心放在自己身上时，你的失败就成了必然。在与客户沟通过程中，要让客户觉得你是站在他的立场考虑问题的，你是来为他解决问题的，你所介绍的产品是为他量身打造的，这样客户就会产生满足感，被你的诚意所打动。

2. 用产品打动客户。要让客户觉得物超所值，很多销售员在给客户介绍产品时，总是三言两语打发了，只是不停强调产品很好，可具体好在哪儿，能为客户带来哪些便利却不清楚。这样的话，即便产品再便宜，客户也不想去购买，因为觉得没用。虽然价格是客户较为关注的问题，但如果产品无法打动客户，是销售不出去的。让客户心甘情愿主动掏钱，就要先让客户觉得产品很好，能为自己解决某种问题，那么，客户想要购买的心就会蠢蠢欲动。

所以说，问客户要钱要讲究时机，当客户认为产品值得他买时，再开口要钱。

掌握主动权

与客户见面，最忌被客户牵着鼻子走，当你无法掌握谈话的主动权时，在接下来的谈话中就会对你非常不利。下面我们来举两个例子：

销售员：“李先生您好，我是某公司的销售员，我觉得我们公司的产品非常适合您，我给您介绍一下如何？”

李先生：“可以，不过要快点，我赶时间。”

销售员：“这款产品是我们新改良过的，采用世界上最先进的技术，而且价格也是最优惠的，我们的售后也是最完善的……”

李先生：“你说你的产品是最先进的，先进在哪儿？售后有多完善呢？”

销售员："我们的产品采用的是……"

李先生："这样的技术在很多产品上都有体现，而且，我觉得你们的价格并不是最优惠的。"

……

第二个例子：

销售员："李先生，您的办公室布置得真大气。"

李先生："哪里？过奖了，请问你是？"

销售员："我是某公司的推销员，我们公司新开发了某件产品，可以为您省掉一大笔开支。"

李先生："噢？是吗，说来听听。"

销售员："您目前所使用的这款产品面临最大的问题是什么呢？"

李先生："这款产品说实话让我们的人员过于浪费了……"

销售员："的确，一年下来得是一笔不小的开支，确实挺浪费的。您看我们的产品，我想可以完美地解决这个问题……"

……

例一的销售员完全被李先生带跑了思路，如果不是特别优秀的销售员是很难扭转乾坤的。销售员应以解决客户问题为中心，这样才能引起客户的兴趣。制造给客户提问的权利，从而掌握主动权。而例二的销售员以解决客户问题为中心，完全掌握了主动权。即便后面谈价格也会存在优势，不会让客户觉得反感。

6. 兴趣开场，事半功倍

在销售过程中，销售员的第一句话非常重要，客户是否会继续听下去，就看你的第一句话能否引起他的兴趣。客户听第一句话往往都比听后面的话认真。第一句话之后，客户便会决定是继续谈下去还是找借口打发销售员。所以，见面之初，销售员一定要抓住客户的注意力，这样就为下面的交谈打下了良好基础。

拿卖报来讲，同样的情境下，一个人拿着报纸高喊："卖报！卖报喽！一块钱一份，卖报！卖报！"如同复读机一样。再来看另一个人，他手举报纸，高喊："卖报！卖报！主席发表重要讲话，未来发展重点……某某国总统首次访华……中国足球……"

结果可想而知。第二位卖报人用极具诱惑力的语言引起了周围人的兴趣，报纸自然销量好。在整个销售过程中，开场白是开始，也是结束。如果能成功引起客户的兴趣，那便是开始，如果不能，便宣告此次销售结束。

兴趣开场需注意的问题

在去拜访客户之前，首先要对客户有一定的了解，这样有助于临场发挥。大多数的客户不会浪费时间去听冗长的"报告"，如果你的开场白未引起他的注意，整个销售就会变得很糟糕。那么，在开场时，需要注意哪些问题呢？

1. 开场白要有诱惑力。当你的开场白与众不同，就能在第一时间激发客户的兴趣，让客户有进一步了解的欲望。这样的开场白，不管是大客户还是小客户都无力招架。

2. 开场白要简短有力。在谈业务时，虽然说从客户的兴趣入手，但如果你为了讨好客户，一直围绕着客户的兴趣，甚至于讨论一些极小的事。这样不但无法增进与客户的感情，反而容易引起客户的反感。其实只需要点明即可，只要引起了客户的兴趣，然后将话题慢慢引到你所推销的产品。

开场白多种多样，以客户的性格、环境等因素的变化而随机应变。但不管如何变化，最重要的一点就是要引发客户的兴趣。

推销的目的就是激发客户的购买欲，当你的开场白占据了主动权，那么，客户的思维就会跟着你走，你的开场白才会变得有效。

有效的开场白，勾起客户的兴趣

我们在读书看报时，通常都有一个习惯，先是浏览大标题，如果大标题新颖就会产生好奇心，想要进一步了解里面的内容。反之，即便里面内容再精彩也不愿花时间去阅读。因此，一个优秀的销售员，懂得什么样的话题能引起客户的兴趣，以兴趣开场，抓住客户的胃口，就不怕客户不愿听了。

那么问题来了，什么样的开场白才能引起客户的兴趣呢？其实，人与人之间是不同的，开场白更不是恒久不变的，不同的环境、不同的时间、不同的人，所使用的开场白都不同。不过还是有些话题是值得人们一谈再谈的，比如：

1. 金钱。对于大多数人来讲，金钱都是极具诱惑力的。客户对金钱感兴趣也是无可厚非的。如果你告诉客户怎么赚钱、省钱，相信客户一定不会拒绝。如果你告诉客户：“我们这款产品可以为您节省30%的开支……”相信客户会放下手头的工作认真听你讲完。当然，你一定要有更具说服力的数据等，来真正征服客户。

2. 真诚赞美。在销售行业，“拍马屁”是惯用的手段，不过一定要拍到点上，否则就会让客户觉得你很虚伪，忽悠的成分居多。真诚给予赞美，把握好度，让客户觉得真是那么回事。

萧燕去拜访一位客户，这是一位较为难缠的客户，之前两位同事都无功而返。萧燕鼓足勇气敲开了客户办公室的门。看来客户真的很忙，连头都没抬，继续手头的工作。萧燕打量着办公室的布局，当看到茶几上摆放着一整套功夫茶具时，萧燕心中一喜。她开口说："看来张总是好茶之人，这套茶具可是出自名家之手……"客户放下手中的文件，抬起头饶有兴趣地问："你懂？"萧燕微微一笑说："在张总面前不敢说'我懂'，只是我爷爷喜欢喝茶，耳濡目染，略懂些。如果张总不嫌弃，我给张总泡壶茶，如何？"客户站起身走至茶桌前，看着萧燕娴熟的手法，知道她说的"略懂"是谦虚了。接下来的交流也异常顺利，合约水到渠成。

萧燕的开场白很成功，通常情况下，办公室里不会摆功夫茶，摆上了就说明，老板是爱茶之人，从这方面入手肯定能引起客户的兴趣，进而引出话题。

3. 产品的自我介绍。很多客户关心的产品，尤其是较为直观的产品，你可以直接拿出来展示，进而引起客户的注意。很早之前，在路边曾看到有人站在塑料盆上乱踩乱跳，引起了很多人的围观，原来是在销售塑料盆子。踩在上面就是为了展示盆子有多么结实。这样的做法引起了大家的兴趣，很多人见识了盆子质量后纷纷掏钱购买。

4. 猎奇。通常情况下，人们对未知的东西很感兴趣，都有一种猎奇心理。销售员可以利用这一心理引起客户的兴趣。比如，你可以这样说："陈总，我觉得贵公司在某某方面存在一定的问题。"此时就会引起客户的寻问，你可接着说存在哪些问题，而自己的产品刚好能解决这样的问题。

当然，这些方法不能对每一位客户奏效，需要根据当时的情况而定。每个人都是独立的个体，有着独立的思维方式，所以，销售也需要见机行事。

第五章

走进对方的“心里”
——无戒感情沟通技巧

你将在本章学到：

- 如何化解客户的戒备心理
- 如何与客户建立感情
- 进一步拉近与客户的距离

关键词：戒备心　感情沟通　搭建沟通桥梁

1. 真诚必须有："上帝"需要的是真诚沟通

很多人认为做销售的都是能说会道之人，如赵本山演的《卖拐》一样，"大忽悠"给我们带来了欢笑，同时也引发人们深思。难道销售都是如此吗？"忽悠"了客户，还笑话客户傻。这样的销售能长久吗？

以前有人说："能将梳子卖给和尚的销售才是好销售。"真的如此吗？这种销售技能不但帮不了销售员，反而会断送销售之路。正因为如此，越来越多的人对销售抱有成见，一听是销售电话，也不管礼不礼貌，直接挂电话。销售上门服务，也是冷漠拒之。

很多销售员在寻找销售技巧，以期待有良好的业绩。其实，销售最大的技巧就是真诚。很多销售员之所以失败，要么是因为一副公事公办的态度，让客户不舒服。要么是过于热情，让客户心生戒备，觉得你是来"忽悠"他的。

真诚的沟通，细致地为客户服务，才能赢得客户的尊重，让客户放下戒备心。

真诚比技巧更重要

做销售不仅仅是一份工作，就如同做人一样，不真诚，即便掌握再多的技巧都是徒劳。在人与人的交往中，所有人都喜欢真诚、靠谱的人，讨厌虚伪的人。在销售工作中亦如是，真诚是销售成功的基础。如何才能取得客户的信赖？在客户眼中，他们更青睐于诚实、果断的销售员。就客户而言，哪怕销售员的技术欠缺，可如果态度真诚，依然可以获得客户的好感。正所谓：巧诈不如拙成。用坑蒙拐骗获得了蝇头小利，喜不自禁，可这并非长久之计，谎言终有被拆穿的一天。那些真诚、老实的人，看似笨拙，却会赢得客户的赞赏，获得长久利益。

不能说销售技巧不重要，但再好的技巧也无法取代真诚的态度。销售的前提是坦诚，只有你向客户坦诚自己的情况，站在客户的角度考虑问题，表现出自己的真诚，客户才能敞开心扉，与你积极合作。

小田经过培训成为了一名汽车销售员，在他接受的培训里有具体的销售流程。一天，他接待了一位客户，销售流程里，第一项便是评估潜在客户的资质。他按照流程询问，可并未获得想要的信息。接着进行下一个流程，他开始挖掘客户的需求。询问客户想要一款怎样的车，可是，客户却转移了话题，小田很无奈，但又无计可施。他耐心地回答着客户的每一个问题，并试图将话题转到销售上，可并未如愿。客户又问了一个问题，小田回答不上来，他态度诚恳地说：“对不起，请您稍等一下，我确实回答不了这个问题，我去找一个可以帮到您的人。”说完正转身找同事。可客户却开口说：“不用了，你做得很好。”小田很纳闷，客户接着说：“说实话，你开过这款车吗？”客户指着一款新上市的越野车。小田露出了兴奋之色，说：“嗯，开过，这款车性能真的非常棒……也许我不该说这样的话，但这款车确实比 ×× 车操作性好。”说完小田看看四下无人，悄悄对客户说：“即便您不想买，至少应该体验一下，真的非常舒适。”说完还朝客户俏皮地一笑。客户试驾了一下，确实不错，当即决定买下来。

销售技巧并不一定适合每一个人，如果小田一味跟着技巧走，就会将内心的热情、真诚、友善这些品质消磨掉。试想一下，一个眼里只有自己的销售员如何走进客户的“心里”？

带着“放大镜”去销售

客户并不愚笨，在他们面前玩虚假，必定会被揭穿，小心聪明反被聪明误。以真诚打动客户，将自身优缺点毫不避讳展现给客户，让客户自己去判断，这才是真正聪明的选择。

弗兰克·贝特格曾说：“如果你为人真诚，就能通过很多途径和人们建立信任。”这是他作为最伟大的销售大师所总结出来的销售技巧。真诚无法伪装，在这个世界上，最好的销售员无一不是真诚之人，他们都是真心诚意想要帮助客户，以客户利益为先。

有一个做羊毛衫销售的人，当有客户怀疑产品品质的时候，他都会递上一个放大镜，以此观察产品的工艺与成分。这一做法成效显著，那些以次充好的羊毛衫同行纷纷败下阵来。

怀抱真诚，客户一定感知得到，一个优秀的销售员必定是真诚的，他们会收敛自己的精明。他们知道，小聪明只会将客户推得越来越远。要想促成销售，让客户满意和放心，唯有真诚以待。

2. 感恩放心间：感恩的语言更有说服力

我们常说，客户是上帝。可谁又真正把客户当上帝？其实，客户未必是上帝，可是，客户于销售员而言却是非常重要。一句感恩的话语，会增加客户对你的好印象。

滴水之恩，当涌泉相报。羊尚且有跪乳之恩，何况是人呢？就客户与销售员的关系，可以说，客户就是销售员的衣食父母，但真正这样想的销售员并不多。他们没有将感恩放在心间，一个不懂得感恩的销售员，其语言是苍白的，没一点说服力。

心怀感恩，谦虚待人

这是一个彰显个性的年代，竞争的激烈，让越来越多的人变得浮躁。尤其是营销人员，抱怨客户难沟通，埋怨客户故意刁难时，是否想过自己的态度？

心怀感恩，便有了工作的动力。有人说，感恩有什么用？上天本就是不公平的，有人一顿饭就是自己一个月的工资，这公平吗？有人不用工作都有大把的钱花，自己努力奋斗却连房子都买不起，这公平吗？这种愤世嫉俗的心态很多人身上都有，但抱怨有用吗？生活还不是要继续，你还是那个销售员。学会感恩，努力去拼搏，才能获得成功，做不到这一点，是无法成为一个优秀的销售员的。

一个懂得感恩的销售员才会站在客户的角度考虑问题，才能了解到客户的需求，进而去满足客户，以此赢得客户的信任，拿下订单。比如说，一个销售员如约来到客户办公室，可以以感谢开场，“程总，非常感谢您百忙之中抽出时间来接待我”，这样会让客户放下戒备。沟通结束，即便没有当即签单，也应感恩客户“谢谢您的接待，与您的一番交谈，真是受益良多，希望还能有这样的机会向您请教”。即表达了感谢，又不会让客户觉得恭维。

用感恩的心赢得客户

服务客户，怀着一颗感恩的心，以诚相待，销售过程才会顺利。面对挑剔的客户，不要生气，更不要急于辩解，用你的热心为其解答，必会换得客户的满意。销售道路没有一帆风顺，你会遇到各种各样的客户，困难、磨难都会出现，当你怀着感恩之心，就会发现，自己在不知不觉中有了奋斗的勇气。

1. 在感恩中销售。与客户洽谈，首先就要让客户接受自己，获得客户的肯定，从心底里将客户当朋友。要做到这一点，就需要真诚待人，那么，你的赞美、你的推销客户才会欣然接受。

2. 学会感恩，收获快乐。不要把客户仅仅当成你的一个客户，交易达成转身就走，而是要学会感恩客户。感谢客户对你的支持，即便是建议或是批评，也要虚心接受，因为有了客户的指正，你才能实现自我价值。懂得用感恩的心对待客户，不仅会赢得客户的信任，自己也会收获快乐。

所有的付出都是相对的，你怎么样对客户，客户也会以同样的方式对待你。当你感恩客户时，客户也会感谢你的推荐。即便销售完成，也可以给客户写一封感谢信，或是答谢卡，既温馨又亲切，客户也会将你放在心上。

3. 换位再思考：站在客户的角度讲话

很多销售之所以失败是因为将客户放在了对立面，在与客户打交道的过程中，不懂得换位思考。很多时候，你以为你表达清楚了，客户听明白了，实际上，客户还处于迷茫状态。作为销售员，你要想的是：如何为客户解决问题，才能让客户满意。销售就是为客户服务，如果你只是想着：我要卖产品。那么，是不会受到客户欢迎的。

客户都是独立的个体，都有自己的想法，在面对客户的自身看法及提出来的负面评价时，如果你只是一味辩解与反驳，只会将客户推离。试着与客户站在同一角度，给客户以认同，反而会得到客户的信任。

让客户感受到你和他在同一战线

从表面看，销售与客户是对立的，在客户看来，销售就是来赚他们钱的。其实，将自己的真实目的说出来并没有什么，销售就是卖产品。但卖产品也要让客户明白，你是为他着想，站在他的角度考虑问题，让客户觉得花的钱是值得的，他才会欣然接受。

一对夫妻去看房，去了几家售楼中心都没下定决心买。今天又来看楼盘，小敏负责接待。经过一番寒暄之后，小敏对客户的需求也有了一定的了解。在小敏的耐心介绍下，他们非常中意一款房型，可还是没决定要购买。

当这对夫妻再次来到售楼部时，小敏依然热心接待了他们。女子说：“现在市场不景气，万一刚买了房就降价……”小敏面带微笑地说：“我非常了解您的感受，这也是大多数人都关注的问题，包括我身边准备买房的朋友也都在纠结这个问题。其实，这就好比你去商场买东西，都想等到打折的时候买。现在我们的活动多、优惠多，您现在不买，难不成要等到房价上涨了再买吗……”听了小敏的话，夫妻俩觉得有道理，看了那么多家，其实心里也有了决定。最终，交付了首期。

小敏先认同了客户的担心，然后打比方，让客户更容易接受，接着说此时买更划算。其实，销售与客户之间也可以说是单纯的交易关系，双方利益都得到满足时，才是愉快的交易。一个销售员只考虑自身利益，客户如何会听你的去购买产品呢？这就好比农夫牵牛，你生拉硬拽，牛脾气上来，你拉不动一丝一毫。可是，如果你手捧青草，一路走一路喂，牛就会乖乖跟着走。要想让牛跟着走，首先你要了解牛最关心的是什么，它才不管庄稼收成好不好，也不管走丢后主人的损失。它关心的是有没有青草吃，有没有水喝。

很多销售员或许都有这样的烦恼：对着客户介绍了很长时间，客户非但不领情，还很生气，觉得自己浪费了他的时间。

其实，客户的想法也没错，谁愿意花时间去听那些无关紧要的东西？销售，就要明白客户想要什么？最关心的是什么？优秀且精明的销售员不会将“把产品卖出去”放在第一位，他们首先考虑的是，怎样俘获客户的心，走进了客户的“心”，销售变得顺利多了。

让客户感受到你的友善

怎么样才算是站在客户的角度呢？并非说对客户所提出的要求一一满足，而是让客户感受到你的友善，知道你是来为他解决问题的。一味让步，反而让客户觉得，一开始你就漫天开价，对你的诚信也就持怀疑态度了。要明白，真正的好产品，不是以降价来取悦客户的。客户想要的也不是这种感觉，而是切切实实能创造价值的产品。

1. 让客户明白产品对自己的利益。很多销售员在介绍产品时总是着重于产品的功能，以此来获得客户的认可，殊不知，客户想要的并不完全如此。加强产品对客户的侧面影响，不要试图改变客户的认知。首先了解客户的兴趣和关注点，再慢慢带入产品，让客户明白，这款产品是为他量身定制的，以此来达到共鸣。

2. 不要让沟通变成猫和老鼠的沟通。很多销售员觉得与客户沟通非常困难，就好像猫和老鼠一样，处于对立面，随时都有可能爆发战争。当你总想着如何在最短的时间里从客户手里挣到钱时，客户就无法与你好好沟通，建立不起信任感，交易就无法达成。

3. 把自己当成客户。从客户立场去考虑问题，对方就不会把你看成只想赚他钱的推销员，而是将你看成朋友、知己，戒心也会随之消失。通常情况下，人们都认为销售员要说服客户就会大力吹嘘，水分很多，这样的偏见一旦形成，客户就会认为你说的话十句有九句是假的，交易结束就不如人意。当把自己当成一个客户，自然而然就会站在客户的角度想问题，客户被你的真诚感动，交易自然容易达成。

4. 建议发自内心：用诚恳的建议赢得客户

社会竞争如此激烈，要想留住客户，除了考虑如何吸引客户、留住客户外，还要看你的态度是否诚恳。当客户不知如何抉择时，作为销售员发自内心的建议会赢得客户的信任，促成销售。

在为客户出谋划策，或是提建议时，一定要发自内心，从客户角度出发。如果无法做到这一点，那么是很难说服客户的。

建议需发自内心

小陈上门拜访一位准客户，初次见面，小陈自认为做好了充足的准备，一番寒暄过后，小陈便开始介绍产品，包括一系列的优惠政策，小陈说得头头是道。可是，客户听了后，态度并不热情，说道："你们的产品并没有什么优势，我也无法预测市场前景，所以，暂时不打算销售你们公司的产品。"面对客户的拒绝，小陈虽然不甘心，但也只能悻悻离开。

面对此情景，公司将任务交给了经验丰富的老邱。接到任务后，老邱并不急于拜访客户。小陈的失败让他明白，此时去拜访，只会让客户反感，不利于接下来销售。老邱先去对客户进行了全面了解，并进行了市场调研，写了一份具体的操作方案。拿着这份方案，老邱敲开了客户的门。刚开始，客户对老邱的到来并不热情，甚至可以说是很冷淡。面对老邱提出的问题，也是随便应付了事。面对此状况，老邱也没有废话，他开始向客户介绍自己的方案，从市场规模到人均消费；从竞品情况到区域存在的问题，再到销量分析，老邱介绍得非常清楚。客户逐渐将注意力转移到了老邱的介绍上，还提出了一些相关问题。最后，老邱针对客户公司的情况，提出了一些建设性的建议，让客户觉得老邱很不一般。客户看着完整且详尽的方案，听着老邱提出的建议，频频点头。最后，与老邱签订了合作协议，还和老邱成为了好朋友。

同样的公司，同样的产品，面对同样的人，为何区别如此大？老邱其实也没有使用特别的销售技巧，只是实实在在为客户解决问题。做好前期准备后，针对客户自身情况，做出适合客户的方案调整，当你发自内心为客户着想，提出建设性建议时，客户会选择相信你。

用心对待你的客户

对待客户时，你有没有用心，对方是感觉得到的。

某服装店，客户试穿了一件衣服，导购觉得提成少，心生一计。她说客户穿这件衣服显胖，于是建议客户试另一件衣服。客户表示不喜欢这种风格，导购又拿来另一件价格昂贵的衣服。客户又以其他理由拒绝试穿。转了圈，客户走进了另一家店。

这样的导购除非碰到不在乎钱，或是虚荣心比较重的客户，否则，没有客户愿意购买。当你只想着自身利益，为客户提建议也不走心时，如何让客户如何相信你？客户不傻，态度是否诚恳，当事人是能够觉察的。

经过三次会谈，小周终于签下了一单生意。在此期间，小周对客户的公司有了一定的了解。这中间，小周发现了一些问题，于是就客户的经营状况列举了一系列的措施与建议，这让客户喜出望外。因为这本不在合作范围内，而且协议已经达成，小周也没有责任做这些。

小周与客户再次见面时，客户激动地说：“你那些建议真的是帮了我大忙，虽然之前我也是这么操作的，但是，没有你想得那么细致，也没你把控得准备。真是太感激你了。”小周谦虚地表示自己并未做什么。客户继续说：“我按照你的建议回去整理了下思路，效果非常明显……”这之后，客户介绍了一些朋友给小周认识，极力夸赞小周是个值得信任的人，因此，小周得到几单大生意。

当你用心为客户解决问题时，客户对你的感谢也是发自内心的。懂得如何给客户提建议，对销售员来说非常重要，建议提得不好，或带着极强自身利益，无法赢得客户信任甚至会引起客户反感。

5. 尊重常挂嘴：注意用词的准确

无论是高高在上的成功人士，还是清扫街道的环卫工作，他们都是平等的，每个人都有受到他人尊重的需要。有些销售员总是抱怨客户不尊重自己，看不起自己，可是，他们却从未想过，自己有没有尊重客户。乔•吉拉德说："我们的客户也是有血有肉的人，也是一样有感情的，他也有受到尊重的需要。因此，销售员如果一心只想着增加销售额，赚取销售利润，冷漠地对待客户，那么很抱歉，成交免谈。"如今的市场供大于求，客户对产品有绝对的选择权，当你对客户不够尊重或重视，那么，他很可能转向你的竞争对手。

发自内心去尊重你的每一位客户

尊重客户对于销售的影响颇大，你的心不在焉客户看在眼里，当你惹恼了客户，毁的不仅仅是一单生意那么简单。时刻让客户感受到自己是被尊重的，你会有意想不到的收获。

乔•吉拉德接待了一位女士，女士表示只是在汽车展室里随便逛逛。乔•吉拉德在与女士的闲谈中得知，女士准备买对面品牌的车，只是对面车行的销售员临时有事，让她一个小时后再去，无聊中，女士便走进了乔•吉拉德所在的车行。女士似乎不讨厌与乔•吉拉德聊天，她甚至告诉乔•吉拉德今天是她的生日。"生日快乐，夫人。"乔•吉拉德真诚送上了祝福。他让女士进来随便看看，接着与一位同事交代了一下，便对女士说："夫人，刚才您说您喜欢白色的车，刚好现在您有时间，我……"说着已经女士带到了介绍的那款车前，此时乔·吉拉德的一位同事走了过来将一束玫瑰花递给了他。他将花送给了女士，并说：“祝您生日快乐，夫人。”那位女士感动得热泪盈眶。

接下来的交谈很随意，女士说：“对面车行的销售员看我开着一辆破旧的车，以为我买不起好车，我说我要看一款车，他却说有另一位客户找他有急事，把我放在了一边。其实，我也不是非要买那款车，刚好我一位亲戚开的是那款车，所以我也想买那款。不过，现在想来，您介绍的这款车也不错。”最后，女士全额付款，开走了乔·吉拉德介绍的那款车。

竞争对手的销售员冷落了客户，因此失去了唾手可得的订单。乔·吉拉德因为让客户享受到了上帝般的待遇，而改变了客户的想法，让客户高兴地选择了自己的产品。没有哪个客户希望受到销售员的冷遇，当销售员将其晾在一边，生意自然无法做成。

用你的尊重征服客户

尊重是相互的，当你尊重客户时，客户也会尊重你。只有让客户先接受了你这个人，相信你，才会有可能购买你的产品。每个人都渴望受到尊重，那么，如何让客户感受到你的尊重呢？在与客户面对面交流时，需要注意以下几点：

1. 注意用词。面对客户，多使用“您好”、“谢谢”、“很高兴认识您”等礼貌用语。

2. 注意语速、语调。有交流才有结果，在与客户的交流过程中，语言讲究抑扬顿挫，不能过快，让客户听不清，也不能过慢，让客户觉得软绵绵的。保持得当的语速，将准确的信息传递给客户。

3. 忌抢话、插话。在客户表述观点或讲述某件事时，即便与主题无关，也不能随便插话。让对方觉得你看重他的观点，这会让对方觉得自己受尊重，利于接下来的谈话。

4. 忌态度傲慢。有些销售员会有“眼色”地选择客户，遇到大客户就献殷勤，小客户就爱理不理，这样是无法做好销售的。某品牌店，一对年轻夫妻选来选去都拿不定主意。终于看到了一款中意的，询问营业员价格，营业员轻笑一声，不耐烦地说：“这个很贵的，我想你们应该买不起，如果你们既想省钱又想有面子，还不如买这款打折的。”听完营业员的话，夫妻俩虽然很生气，但也没说什么，结果当着这位营业员的面，在对面柜台，这家店的竞争对手那里买下了类似的产品。在与客户的沟通过程中，不可以让客户感受到你的讽刺，充分尊重客户，才能赢得客户。

5. 眼睛是心灵的窗户。眼神礼仪是无声的，但客户却观察入微，不当的眼神会让客户反感。有些销售员，最初与客户沟通时，眼神真诚、亲切，可一旦发现客户对产品产生怀疑，或是客户没有购买意愿，眼神就变得尖刻、冷漠。这样“随机应变”的眼神无益于合作。真诚、温柔的眼神最能打动人心，让客户放下戒心。

拜访客户，各方面都需要注意，无论是言谈还是眼神，都要给予客户尊重，只有让客户感受到你足够的重视，他才会有交谈下去的意愿，合作才会走向顺利。

6. 情理动人心：动之以情，晓之以理

在销售过程中，销售员与客户关系很微妙，如何让客户心甘情愿买东西？这是需要一定技巧与方法的。如果客户一开始对你心存戒心，而你又无

法消除这种戒备心，那么，之后的谈判是很困难的。

在与客户的沟通过程中，首先要走进客户心里，才能让客户接受你的产品，这就是所谓的动之情，晓之以理。

动之以情，走进客户心里

客户会购买你的产品，无非是两个原因，一个是精神上的，一个是物质上。通常来讲，在整个销售过程中，如果客户的心情一直处于放松、愉快的状态，成交的概率就会大大提高。无论面对什么样的客户，以“情”开头，最能打动人心。

一位女士带着六岁的女儿逛家具店，销售员热情迎了上去。小女孩很调皮，一进店门就松开了妈妈的手，跑来跑去，女士正想追上去，销售员微笑着说：“您不用担心，我的同事已经过去了。”女士逛了一圈，销售员也做了相应的介绍，女士并未下决定。

此时，女士听到了女儿的笑声，转身看到销售员正和女儿玩游戏。

“您女儿很聪明，也很乖呢。”

听了销售员的话，女士笑了笑。销售员蹲下来对小女孩说：“姐姐还会变魔术，你要不要看呀？”小女孩用力点点头，显然很兴奋。销售员“故弄玄虚”了一番，本来手上空无一物，一眨眼的工夫，手上多了一只小小的毛茸茸的玩具兔。小女孩眼睛睁得大大的，一直询问销售员是怎么做到的。

看着女儿如此开心，这位女士也笑了。女士的眼睛重新回到一套沙发前，销售员适时介绍，从得到的客户的相关信息中，销售员给客户讲了沙发的优点。女士一改刚才的沉默，询问了很多相关问题，沟通异常顺利。最后女士的眼睛在一组高低床上停了一下，销售员装作不经意的询问是否需要。而且，将高低床的相关信息也给女士讲了一下。还适时地询问小女孩“小朋友，喜不喜欢这个高低床呀，你看，这里可以放你的娃娃哦。”小女孩对着妈妈说：“妈妈，妈妈，我们班的林林就是睡高低床呢，我也想要。”销售员说：“这款高低床真的很实用，有书桌，有柜子，以后也省得再去一一选购了。慢慢的孩子大了，也需要独立的空间，您说是吧！而且，这款高低床用到小朋友18岁是没问题的……”

本来这位女士只准备买一组沙发的，最后，连同高低床一起买了。

其实，这位销售员并没有运用多么高深的销售技巧，只是用了“情”。带有小孩子的情况下，客户通常很难挑选产品，因为孩子的耐心是有限的。试想，如果销售员看到小女孩一进店时跑开了而无动于衷，客户会是什么反应？肯定去追孩子，即便追到了，孩子还是会乱跑。那么，看家具俨然就成为了追孩子大战，还如何好好沟通？案例里的销售员显然很好解决了这个问题，一下子拉近了与客户的距离，让客户无后顾之忧地挑选产品。

动之以情，以情感打动客户，会在短时间里消除客户的戒心。反之，如果让客户处于一种厌倦的状态，那么，之后你说得再有道理，将产品夸得再好，对于客户来讲都没有意义。擒客要先擒心，目的性太强，只为了推销而推销，客户是不会买账的。要站在客户的角度去考虑问题，了解客户的真实需求，给客户一份满足感，让客户安心，才能使沟通更加顺利。

晓之以理，让客户下定决心

在购买过程中，很多客户一开始都不会将自己的真实想法告之销售员。如果销售员只顾着推销产品，却不了解客户的真实需求，那么，说得越多，只会让客户越反感。只有先让客户打开心扉，才能有效推销。

当与客户的距离一步步拉近时，就可以晓之以理，此时客户是完全听得进去的。

客户要为父亲买一款剃须刀作为父亲节的礼物。

“您真孝顺，现如今记得父亲节的人不多了，能在父亲节给父亲买礼物的则更少。”

“以前总不在家，这次休假刚好在家，就想着……”

……

销售员与客户你一言我一语地聊着，此期间，销售员已经了解到了客户的真实需求，她拿出一款剃须刀递给客户。

“这款是全自动的，操作起来非常方便，即便是老年人也一学就会……”

客户拿着剃须刀左看右看，没点头也没说什么。

“我爸爸上个月生日，我送他的也是这款。”说着还把爸爸刮胡子的照片调了出来。

“你也挺孝顺的。”客户顺嘴说了一句。

“父母年龄大了，过一次生日就少一次，在外工作，见面的机会也少，能做的就要赶快做。”

……

“您看，这款剃须刀还可以水洗，非常方便。这是充电式的，不需要换电池，而且这刀片的设计……给父母买东西就是图个实用、方便，父母年龄大了，太复杂的话反而是个麻烦，您说呢？”

听完销售员的话，客户就决定购买了。如果想要客户购买你的产品，首先就要消除客户的戒心，攻破客户的心理防线，才能赢得客户。

7. 倾听要认真：学会倾听客户的话

一个销售员，要做好销售，80% 靠的是耳朵，20% 靠的是嘴巴。可见，销售并非是你说得漂亮就能赢得客户的。一个积极、认真倾听的销售员才能获得客户的认可与好感，进而缓解紧张的气氛。

积极倾听会让客户有一种被关注、被重视的感觉，销售员听客户说得越多，客户对你的信任感就越强。学会倾听这是一种礼貌，也是一种尊重。销售员要明白，倾听为客户打开了倾诉与发泄的渠道，从中，你还可以获取利于销售的信息。因此，销售员要做的就是，让客户毫无顾忌地说出自己的想法。

你会“听”吗？

倾听并不是让你竖着耳朵，将客户所说的话都记下来，那样会很累，倾听要懂得听重点。

听具体问题。销售归根结底就是让客户签单，成功的关键就在于你的产品或是服务能否为客户解决问题。在销售过程中，客户会说很多问题，可是，真正影响成交的问题，客户是不会轻易讲出来的。所以，在倾听客户说问题时，还要适时引导。

让客户兴奋的点。促成客户购买行为，主要是产品能为客户解决问题。此时，倾听的重点就是，客户正面临着什么样的问题，让客户感到兴奋的敏感条件又是什么。

情绪化的语言。在与客户对话过程中，客户会出现“棒极了”、“真的吗”等情绪化的字眼，这也代表了客户潜意识导向。在客户有了购买意愿时，就要抓住时机，及时促成交易。

在销售过程中，“听”永远比“辩”重要，一个优秀的销售员，总是懂得如何去倾听客户的抱怨、投诉，在与客户的沟通过程中，更善于倾听客户的外在需求和内在需求。因此，如果想让沟通有成效，就要先学会“听”。

让倾听卓有成效

乔•吉拉德刚刚为客户推荐了一款车，客户决定付款。此时，乔•吉拉德的同事走了过来，与他谈论起了昨天的篮球赛，两人有说有笑谈论了起来。乔•吉拉德等待着客户掏钱付款，可是，却看到客户掉头走了。这样的状况让乔•吉拉德郁闷了一整天，他不明白，客户为何会突然改变主意。为了弄清楚缘由，晚上，乔•吉拉德给客户打了一个电话。通过询问，乔•吉拉德明白了原因，原来下午客户付款时，与乔•吉拉德谈论起了自己的小儿子考上了大学，并表示是全家人的骄傲，可是乔•吉拉德却没有听见，那时，他正与同事在关于篮球赛的问题上相谈甚欢。

此事让乔•吉拉德明白了，倾听客户的话是多么重要。促成销售最好的方法之一就是倾听，这样能获得客户更多的信任，让客户放下戒备。那么，如何才能让倾听卓有成效呢？

1. 集中精神。在客户讲话的时候，精神一定要集中，专注于客户的需求及对产品的要求，适时确认你所接收的信息是不是客户真实的想法，这样精力集中的倾听有助于挖掘客户更多的潜在想法。

2. 不要打断客户的话。客户在讲话时，切记不要打断，让客户把话说完。要明白，作为销售员，你是来为客户解决问题的，为客户带来利益的，只有让客户充分表达，才能找准方向，解决问题。轻易打断客户的话，一来是对客户的不尊重，二来客户的思路被打断，无法获知最真实的想法，进而影响销售进度。

3. 宽容对待客户的意见与建议。客户有发表意见的权利，面对客户对产品的质疑，应豁达以对。心存偏见，以自己的价值观来判断客户的想法，是无法达到最佳效果的。对于客户的意见或建议，无论是好是坏，也不管是出于何种目的，都要记下来，筛选后，好的就发扬，不好的就想办法改进。

4. 不要处处防备客户。为客户营造一个畅所欲言的交流环境，不要把客户的意见当作一种挑衅。当客户质疑你的产品或公司时，不要马上反驳，可以请客户做出解释，为什么会有这样的想法。如果客户只是道听途说，在与客户沟通的过程中，他会慢慢感觉到你的真诚。如果是凭证，那么，先向客户致歉，再道明原委。需注意的是，在客户未说出想法之前，不要与客户计较或争辩细节问题，那样毫无意义。

5. 听出客户真实的想法。客户常常理所当然地将销售员放在敌对面，刚开始并不会将真实想法告之，大多是搪塞之语，此时，就要鼓励客户多说，从中听取重要信息。

6. 不要过早接话。当客户讲到某个地方，停了下来，要给客户一定的时间，一般都是几秒钟，如果没说完，那就让客户继续说。

在倾听过程中，多问问自己，“客户为什么会这样说？”“客户这句话的目的是什么？”“这句话是真实想法还是敷衍自己？”……善于倾听，可以获知客户的真实意图，与客户争辩，即便占据了谈话的主动权，却让客户将真实想法掩藏了起来，得不偿失。

第六章

体现你的“与众不同”——优势产品展示技巧

你将在本章学到：

- 如何完美展示产品
- 产品介绍技巧
- 产品特点叙述

关键词：产品展示　特点体现　情景叙述

1. 故事介绍法：给你的产品一个故事

很多销售员在介绍产品时过于生硬，只是按照说明将产品的功能、公司的优惠一一向客户说明，这样的介绍太枯燥，也毫无特色，让客户提不起兴趣，甚至觉得既然有说明书了，你就不必再浪费口舌了。产品是死的，但人是活的，你可以赋予产品生命力，给你的产品一个故事，将会引起客户极大的兴趣。

你的产品是需要故事的，就如一个成功者需要有传奇的经历一般。用故事去介绍你的产品，无形中增加了客户对产品的正面认知，加深印象的同时，也增加了产品的说服力。当你的产品有故事时，传播性就会显现出来，客户就会成为最好的推广者，因为他们有故事可以讲。

让故事为你的产品说话

一位保险推销员，每个月都是公司的业绩王，同事羡慕的同时，纷纷向他取经。他的回答很简单，就是给客户讲故事。没错，他正是这样做的。工作的原因，他对于那些天灾人祸所导致的财产损失这一类的新闻很感兴趣，每天看报纸、看电视新闻，他都会一一记录下来，这些都成为了他讲故事的素材。一次他拜访一位客户，客户对于保险很抗拒，他说："我觉得买保险完全没必要，我现在所存的钱足够我下半辈子养老了，我觉得这才是最大的保险。"听了客户的话，他说："对于您现在的想法，我真的非常理解。我有一位朋友与您的想法一样，资产也非常雄厚，可是在一次意外中丧生了。因为没有买保险，死后其家人在处理他的财产时所产生的各种费用、税金等超过了上百万，这让他的家人心力交瘁。您可以做一个对比，是每个月支付不到1000元的保险划算，还是损失上百万划算？”

在客户犹豫不绝或是干脆拒绝时，不妨讲一个故事，让故事引起客户的深思，增强客户的信任感。当客户听到故事后，通常会将自己想象成故事中的主角，设身处地思考，有助于促成交易。这就需要销售员多留心身边发生的一切，收集各类故事与新闻，让故事更丰满才能吸引客户。

让故事更有说服力

一些销售员即便讲了故事也无法引起客户的兴趣，很大原因在于，他的故事没有正中客户下怀，不能引人入胜。或者讲的故事完全与主题无关，生拉硬拽过来的。如果想要用故事促成交易，你的故事就必须是与客户目前状况类似，客户在听完故事后，容易引起共鸣，从中权衡利弊，最终达成交易。

讲故事可以活跃沟通气氛，而且比起枯燥的产品说明，客户更喜欢生动的故事说明，用动人的故事推动销售，往往会事半功倍。

讲故事也是讲究方法的，这样才更有说服力。一些销售员为了让客户相信，会胡编乱造一些故事，有时候编着编着，就前言不搭后语，引发客户反感。讲故事是为了促成销售，此时的故事就不能虚构。南投信义乡农会推出的小米酒虽为农特产品却走进了购物中心、KTV。原因在于，在推广之前，他们做了大量调查，搜集原住民的故事和画册等，他们赋予小米酒“来自信义乡原住民”代代相传的故事。客户从中便知，这是外面买不到的。

当然，推销产品的品质首先要过关，在此基础上用故事给产品注入生命力，在情感上引起客户共鸣，进而攻心，成功率会高出许多。

2. 对比介绍法：给你的产品找一个参照物

如今的社会，客户的选择越来越多，客户也有种挑花眼的感觉。其实，很多时候，客户并没有说坚定要买哪一种，主要是看销售员如何与客户沟通。面对多种选择，客户肯定会选择更利于自己的一方，此时，要想留住客户，就要让你的产品区别于其他竞品，让客户感受到你的产品是独一无二的。

同时，也可以在促销活动上做文章，比如，客户有购买意愿，但迟迟下不了决心，你就可以利用促销活动前后所产生的差价让客户心里产生一个对比，让对方明白，越拖延，付出的代价越大，于是，便会赶快签单。

产品都存在一定的差异，在为客户介绍产品，不妨找一个参照物，突显自身产品的特殊性，在客户心里树立一个“与众不同”的形象，会对销售起到很大的推动力。

正确对待客户的“货比三家”

有对比才能发现差距，很多时候，尤其是购买数额较大的产品时，客户通常会“货比三家”，作为销售员，该如何做呢?

当客户寻问你的产品与某品牌的产品相比较如何?

销售员一般有四种答案：

第一，这个我并不了解，不好作评论。

第二，那个品牌的产品简直糟透了，和我们的产品简直没法比。

第三，那个品牌的产品似乎挺不错的，是今年刚推出的新款，不过好像听说质量不是很过关，被客户投诉过，您如果要买还需慎重考虑。

第四，那个品牌的产品不错，和我们的产品相比，各有千秋。我想您之前肯定去了解过了，您是如何看的？

前面三种答案肯定很难引起客户的共鸣，只有第四种，在不贬低竞争对手的情况下，让客户明白，自己的产品具有竞争对手没有的性能。并借机寻问客户的想法，便于下一步工作的开展。相对来讲，现如今的客户越来越趋于理性，不要一味扬自己优点，故意贬低对手，这样只会引起客户的不满，不要让“对比”适得其反，否则就是搬起石头砸自己的脚。实事求是，找出问题关键，方能获得客户信任。

一位瓷砖经销商看到一则新闻，说是某小区因为暖气片漏水，地板经水泡后都变形了。从此以后，他在为客户介绍瓷砖的时候都会给客户灌输一种思想：将地板与瓷砖作对比，地板一经水泡就容易变形，即便概率不大，但也有可能发生在自己身上，但如果是瓷砖的话，就没有这方面的烦恼了。客户听了经销商的话觉得很有道理，于是纷纷放弃了买地板的念头，决定用瓷砖。

当找到了正确的参照物，对比之下，客户很容易倾向你那一边。

对比效应的产生

一位售楼小姐带着客户看房，售楼小姐先将客户带到了一处无论从户型、位置还是采光来说都不太好的房子，客户看后直摇头。一问价格更不愿买了。此时，售楼小姐说：“张先生，您可以看一下我们的二期现房，正好明天就是中秋节了，我们正在搞促销活动，您可以去看看。”

客户随售楼小姐来看二期现房，不但户型好，采光、高度等都不错，一问价格，比刚才那套房还便宜些。客户觉得很划算，一听促销活动就快结束了，马上交了预付款。

这种策略在销售过程中常常会使用，前面的房子只是一个参照物，主要用来吊客户胃口的。有了这个对照商品，新款才能脱疑而出。人的心理很复杂也很简单，当你为客户提供了处于劣势的参照物时，客户很容易就会倾向你正在推荐的产品，最终达成销售目的。

再比如说，汽车销售员一般不会把汽车与汽车配件放在一起推销，他们会先主推汽车，交易达成，才会推销汽车配件。当你将上万元的车款付了之后，也就不会在乎几百上千的配件了。

销售过程中，常常会利用客户这种“对比”心理，一般会先向客户介绍同行报价较高的产品，然后再告知客户自己产品的报价，也可与自己公司同类产品进行报价对比。当然，也可以做其他方面的比较。

3. 优势介绍法：巧妙展示产品亮点

随着社会的发展，市场竞争越来越激烈，有竞争也就存在对比。要想让消费者接受你的产品，首先你的产品要占据一定的优势，区别于其他同类产品，以其特殊性吸引客户，进而促使客户购买。

各行各业的产品同质化非常严重，不管是产品名称、功能、包装还是促销手段、服务等，都出现了雷同趋势。此时，如果你的产品在技术或是管理上占竞争优势，亦或者运用不一样的宣传活动与推销手法，那么，就能抓住客户。有位营销专家曾说：“当一个公司能够向客户提供一些独特的，其他竞争对手无法替代的、对客户来说其价值不仅仅是一种廉价商品时，这个公司就把自己与竞争厂商区别开来了。”

每一件产品都有其独特性，就如人的独特个性一样，每一种产品也有其独特的卖点，是竞争对手所不具备的。在介绍产品的过程中，可以突出介绍产品独特性，体现产品的优势，促进销售。

让你的产品脱颖而出

销售并不是简简单单叫嚷着自己的产品有多好，如果你的产品无法解决某个问题，那么，销售就会变得很困难。在推销过程中，除了会遇到客户这层阻碍，竞争对手也是无孔不入，如何让客户青睐自己的产品，就需要销售员下一番功夫了。如果你的产品有别于竞争对手，具有独特性，说服客户的可能性就会大大增加。在表现产品的“与众不同”时，可以从以下几方面入手：

1. 产品。如果你的产品在某一方面明显优于其他同类产品，独树一帜，相信客户很乐意接受。一般来讲，产品核心价值都差不多，存在差异的也就是性能与质量了，当客户的基本需求得到了满足，那么，独特性就会为你的产品加分。比如：

• 产品特征：从产品特征入手，除基本功能外，加入补充特点，让客户明白，你的产品具有不同的特征。例如宝洁公司，在做洗发水产品时，就推出了可以去屑的海飞丝，让头发更柔顺的飘柔，护发的潘婷等，每一种都具有独特的特征。产品的特征可以让你的产品有一定的竞争力。

• 产品包装：产品包装对客户会产生一定的视觉效果，独具特色的包装会让客户眼前一亮，比如海尔冰箱，其款式满足了欧、亚、美洲不同的风格，每种风格都有其突出设计，在为客户介绍时，可以以此为侧重点，增加竞争优势。

2. 服务。当你所提供的有形产品在竞争中无法占据优势时，就可以提供不同于竞争者的优异服务。比如一位销售海尔热水器的销售员向一位客户介绍海尔的产品，客户本看中了另一个品牌热水器。两款热水器功能相差无几，这位销售员看客户还是犹豫不绝，说道："王先生，我们是 24 小时全程服务……"客户听了，被海尔优质的服务所打动，最终决定购买。现如今，产品的价格与技术同竞争对手相比，差距已经越来越小，可以影响客户的除了产品质量外，优质的服务也是一大竞争优势。当你的服务优于竞争对手时，你的优势就会动摇客户的心。

3. 形象。每一种产品都有其企业赋予的形象，比如蓝色的百事可乐、红色的可口可乐等，很容易让客户在一众产品中识别出来。再比如各企业赋予酒的形象，以国宴美酒形象出现的茅台酒、以沧桑历史形象出现的泸州老窖、以保健酒形象出现的劲酒等，特色不一，当客户喝酒时，除了品酒，也是在品酒的文化，想到的也是酒的形象。区别于其他产品的形象，让客户从产品形象中获得不一样的感受。

4. 自谦介绍法：适度说一些产品的"小缺点"

在销售过程中，常常会遇到这样的问题：很多客户虽然对产品满意，但就是下不了决心购买，有些还会在最后关头取消订单。其实原因很简单，客户在购买产品时存在一定的风险，担心上当是人之常情。

生活中，我们常常也有这样的体验，对于陌生、未知的东西都会感到惶恐。尤其在面对销售员时，生活经验告诉他们有可能会上当受骗，加之复杂的市场也加剧了客户的担忧。所以，在听销售员的说辞时，不但不会去认真听，还会唱反调。所以，一定要早早消除客户的这种心理。有时候，适度说一些产品的“小缺点”可以快速获得客户的信任。

了解客户的真正需求

我们都知道，客户在购买产品时喜欢讨价还价，即便你已经强调是最低价了，可客户还是觉得此时付款一定是吃亏的。客户的这种行为很大一部分原因在于吃过这样的亏。比方说，某件产品，客户以一千元价格买回去了，可是，过几天再看时，产品价格就降了三百元，或者以各种理由打七折。此时，客户就会认为，降那么多，这件产品肯定就值一两百块钱。买过的客户觉得上了当，没买的人则在观望中不断提醒自己千万别上当了。

一般情况下，客户遇到喋喋不休、热情推销产品的销售员时，心里是抵触的，他们会认为，销售员只不过是惦记自己口袋里的那点钱罢了。面对这样的情况，销售员不要一开始就介绍产品，首先要了解客户在顾虑什么。

人无完人，产品亦然

俗话说："金无足赤，人无完人。"对于产品也是如此，再完美的产品也会有"小缺点"，当然，这个"小缺点"也可以不是产品本身。

很多销售在介绍产品，总是极力向客户介绍产品的优点，对于缺点只字不提，以为这样客户就会被吸引。殊不知，这样会增加客户的忧虑，觉得你不可靠，只为了卖产品，根本不考虑别人的需求。而且心里也有一个疑问：产品真有你说得那么好吗？

在介绍产品时，销售员除了要有足够的专业知识做支撑外，还需要有真诚的态度。有些销售员对自身产品知之甚少，当客户提出某些问题时，支支吾吾，说不出个所以然来，这样如何获得客户的信任？所以，加强业务知识很重要。

另外，在推销售产品时，不要对产品的"缺点"遮遮掩掩，可以坦白告诉客户，这样可以给客户留下一个好印象。客户会认为你是站在他这一边的，即便有风险，他们也愿意促成交易。不过，在介绍产品"小缺点"时，要有一定的技巧，否则就会弄巧成拙。

1. 先缺点后优点。打个比方，在为客户介绍基金时，两种不同的介绍方法，第一种："这是一款激进型基金，在市场调整时虽然会相对差一点，可是，在市场震荡与上扬时有着非常抢眼的表现。"第二种："这是一款激进型基金，在市场上扬时有着非常好的表现，可是，在市场下跌时跌得也很多。”面对这两种介绍，你更倾向于哪一种？答案很明显，第一种更容易被客户所接受。

2. 优点详尽，缺点简洁。在介绍优点的时候，可以详尽些，缺点则可以一笔带过。

在介绍产品时，要掌握一定的技巧，结合产品的特点与缺点，技巧性地向客户做出解释。一些销售员在介绍产品时总是尽量去避免产品的缺点，事后却收到各种投诉，信用度也越来越低。

有一些销售员为了让客户尽早下决定，会将产品的优点说得天花乱坠，让人觉得很不真实。还有销售员用掩饰缺点的方式让客户接受产品，即便客户已经指出了缺点，也不愿承认。结果可想而知。欺骗或是掩饰是无法建立起互信关系的。

不要把客户想象得过于简单，用“忽悠”的方式去向客户介绍产品，这样你只会损失更多。很多时候，客户清楚产品存在的一些问题，如果将缺点刻意隐藏，就失去了客户对你的信任。

不过，在表述缺点时，方式方法不对，也会使客户不满，还会在无形中使缺点放大。在谈话过程中我们可以注意一个细节，通常情况下，人们对于“但是”后面的话更在意。当你先说优点时，客户听进去的只有后面的缺点。反过来，缺点就会被缩小甚至是忽略。适当地说些产品的“小缺点”，实事求是，会让客户觉得你“与众不同”，会更加信任你。

5. 造梦介绍法：编织一个拥有后的美梦

做销售的人不少，但真正成功的没有多少，时常听到有销售员抱怨产品不好推销，客户太难缠，或者嫌客户光看不买。其实，交易买卖也注意心理体验。怎么说呢？大多数的产品或多或少都存在一定的问题，产品销售不出去，肯定存在一定的原因。而这些原因里面，最重要的莫过于产品的价值，如果产品无法为客户创造价值，那么销售是很难成功的。

换言之，在介绍产品的同时，为客户编织一个拥有后的美梦，知道产品存在价值，那么，客户就会达成购买意象。

你的产品能为客户带来价值吗

一只蜘蛛羡慕一位商人的布匹卖得好，看着商人每天乐呵呵地数钱，它觉得心里很不痛快。蜘蛛下定决心要织出更好的布去集市上卖，然后将商人的生意全部抢走，它自信可以织出更比商人更好的布匹。

蜘蛛准备就绪，奋战一晚上，终于做出了极为出色的产品。它非常得意地在小窗口等着客户的光临，一步不敢离开。它想着门庭若市的感觉，想着大家看到它的布匹的惊喜表情，它觉得商人肯定做不到。

可是，忽然一个顽皮的孩童将扫帚一挥，蜘蛛奋战一晚上的劳动成果被一扫而空。蜘蛛心里很不甘心，非常气愤地说："你们都等着吧，我终有一天会证明我的产品与商人相比则更精细。"

一只小蚂蚁爬过来说："你的产品更精细，这是大家有目共睹的事。可问题在于，你所织的网可以穿吗？可以御寒吗？有什么用途呢？”蜘蛛被一系列的问题问得无言以对。

销售中常常会遇到这样的情况，你的产品即使再惊艳，如果产品无法为客户带来利益，产品的价值就等同零。

在为客户介绍产品时，如果介绍了很长时间，客户仍然没有要购买的意思，此时，不妨为客户编织一个拥有后的美梦。将产品可以带给他的利益和好处一一说明，客户幻想着拥有这件产品，就可以……越想就越想拥有，销售也就更加顺利。

为客户创造一种感觉

销售有时并非在销售产品，而是利益，如果产品一无是处，谁会购买？在购买的过程中，客户的心理体验非常重要。在销售过程中为客户创造一种情境，不要把精力只放在产品介绍上，而要让客户意识到产品潜在的价值，将有利于销售的顺利进行。

也就是说，要想让客户接受你的产品，就先让客户接受你的概念。一件产品，除本身特色可以吸引客户外，独特的理念也非常重要。

乔·吉拉德在销售汽车的过程中，总是会让客户“闻一闻”新汽车的味道，即便客户闻过后表示与其他汽车的味道无异，他也坚持。此时，他会为客户营造一个梦，一个拥有这辆汽车后的梦。他会这样对客户说：“这里说的味道是开心、美丽的风景；是与家人郊游时的快乐时光；是亲朋好友送来的祝福……这里的味道更是您的生活、事业、爱情……是您所有的梦。”

当然，并不是所有客户一开始就愿意试驾的，因为他们担心试驾的结果就是销售员没完没了的利用“人情”来游说自己。此时，乔·吉拉德会将客户推向驾驶位，近距离闻一闻汽车的味道。当客户的手放在方向盘时，他就会说："您看，这辆车可以将您带到您想去的任何地方。哦，我记得您就住在这附近，您可以开着车去家门口，这样，您的家人就可以看到新汽车，您的邻居也会为看您的新车而在门口张望……"

在推销汽车的过程中，乔·吉拉德很少去向客户介绍汽车的构造，也不愿费劲去解释汽车的类型、发动机是什么品牌、车身使用什么漆……他只是给客户营造一种感觉，一种"新车是有味道"的概念，而这种味道是身份、地位的象征。他让客户相信，开着这辆车可以向身边的人炫耀，而这也是让客户下决心购买的关键所在。

销售员向客户认真介绍产品功能、材质、服务……的时候，都是想引起客户的关注，进而达成交易。可是，如果可以为客户营造一个美梦，拥有这件产品后，客户可以得到某些好处，且是其他产品不可替代的，客户就会产生一种心理：这件产品是最特别的。

当然，如果可以让客户体验产品是最好的，真实情境的展现会更有说服力，客户也能更直观地感受那个"美梦"。

6. 换位介绍法：你不是在卖产品，而是在提供帮助

销售并不仅仅是将产品推销出去，也就是说，销售的重点不在于产品及服务的出售，而是在于，你的产品可以为客户提供怎样的帮助。如果你的产品可以帮助到客户，为其解决问题，那么，就可以达到销售目标。

站在客户的角度介绍产品

不可否认，客户与销售员之间是交易关系。不管是上门推销，还是客户

上门店购买，你付钱，我收钱，这种情形似乎没什么不妥，也是司空见惯的事。可是，很少有人会去想，这是在卖产品吗？顾客是在买产品吗？

现如今，客户的选择权越来越大，面对眼花缭乱的产品，你凭什么让客户掏钱买你的产品呢？是你的产品无瑕疵吗？还是产品技术最先进？其实客户最终决定购买，很大程度上取决于，你或是你的产品能为客户提供怎样的帮助。

某销售员向客户推销产品，客户说："你们的产品确实不错，不过以前没有卖过这个产品，不知道市场能不能接受，万一卖不出去，我就要赔惨了……"

销售员说："万经理，您的担心我理解，我们公司针对这方面有具体的考量，新品上市时，如果积压有旧货，我们会无条件回收，保证客户的利益。"

客户说："这样啊，不过我们公司规模不大，一次无法购买你说的量……"

销售员说："没关系，你们分三个等级，你可以看看第一等级，如果销量好再升级。而且，我们公司会派专业人员指导贵公司的业务人员如何铺货，如何……"

客户说："好，那就先试试。"

就这样，销售员一步步解决客户的担忧，为客户想到解决的办法，促成了生意。在推销过程中，能否让客户购买，不在于产品的价格，而在于，产品能为客户创造多少价值。客户会问自己，这产品值不值？冤不冤？如果客户不认同产品的价值，那是无法形成购买行为的。

不要把客户当冤大头，认为客户不懂，就拣贵的却不适合客户的产品极力推荐。如果客户中途明白了你的意图，是会很反感的。比如，客户想买洗面奶，但对自身皮肤并不太了解。为客户着想的销售员会换位介绍，为客户提供真正的帮助，哪怕客户最终购买的不是最贵的。

真正为客户提供帮助

没有人会花钱买一件对自己完全没用的产品，销售并不仅仅是推销产品，更重要的是能帮助客户。而且，关注的重点不要再放在产品上，而是转向客户。具体做法如下：

不要过分夸赞产品。有些销售员为了让客户购买，一开始就不停地说产品如何如何好，甚至带有炫耀的成分，这就让客户觉得你只是为了推销而来，并不是来为他解决问题的，这就会引起客户的反感。要明白，产品再好，如果客户看不到利益，对其没有任何帮助，他是不会购买的。

不要过分在意购买数量。有些销售员解说了很长时间，就是希望客户可以加大购买数量，过分在意反而让客户心生不满。销售最重要的是以客户为中心，以帮助客户实现目标为责任，在多次帮助下建立长期合作关系，这样购买数量自然会增加。

不要将促销活动挂在嘴边。不要觉得促销活动对客户的吸引力很大，促销并不是促成交易的原因，客户更加关注的是，产品可以为自己提供什么样的帮助。即便要提促销活动，也是在客户对产品利益有了深入了解，决定购买之后，此时提促销活动更能吸引客户。

购买产品时，客户最担心存在风险，尤其是大批量购买，或是购买大物件，因此，销售的重点就应该放在如何消除客户的风险担忧。推销过程中，多站在客户的角度想问题，让客户知道你是在帮他，而非单纯的卖产品。

第七章

有时无声胜有声

——意在言外的沟通技巧

你将在本章学到：

- 如何与客户无声交流
- 如何看懂客户
- 如何技巧沟通

关键词： 肢体表达　无声胜有声

语言之外的沟通

1. 眼神沟通：用眼神传达你的信息

眼神可以传递出很多信息，人与人之间的交流，开始于眼神。目光接触会表现出强烈的社会信息与情感信息，在信息传递中有着非常重要的作用，正所谓：眉目传情，大抵如此。

眼睛是会说话的，交流过程中，首先关注的是眼神。因此，眼神要柔和、友好。在销售工作中，面对的大多是陌生人，如果没好好利用眼神，眼神表达不正确，就会引起客户的不满。比如，与客户见面前，资料准备不充分，过于紧张，眼神变得飘忽不定，客户就会产生一种不信任感。再比如，面对你的产品介绍，客户总会提出异议，你心生不满，眼睛便一直盯着客户，这便让客户觉得不舒服。如此一来，交易是很难达成的。

与客户交谈，眼睛要有神，面带微笑，目视对方，表现出你的热情。与客户交流始终保持眼神接触，这不仅是表现你对话题感兴趣，在认真听，更重要的是对对方的尊重。

眼睛是心灵的窗户

人的眼睛所表达的内容是很丰富的，在情感的影响下，能传递出各种信息，要想将内心的情感淋漓尽致地表达出来，就应该运用好自己的眼神。

经过努力，小胡终于让一位客户同意面谈了。第二天，备好资料，小胡敲开了客户办公室的门。可是，即便小胡资料准备很充分，还是没获得客户的认可。究其原因，是眼神惹的祸。

小胡在为客户介绍产品时，眼神很少注视客户，要么低头看资料，要么看着桌子一角，时不时抬眼看一下客户，接触到客户的目光，又赶紧低下头。

当客户表达自己的意愿时，小胡低着头，眼神左顾右盼，给客户一种没认真听的感觉。即便看客户，也是极为短暂的停留，很像做了亏心事的感觉。整个交流的过程，几乎没有与客户进行眼神沟通，整个气氛很沉闷。临走时，客户说："我根本看不到你的眼睛，感受不到你的真诚，怎么放心与你合作呢？"

谈话过程最直接的交流除了语言外，就是眼神，会使用眼神的销售员，才能给客户留下好印象，赢得客户好感。

只有意识到眼神的重要性，才能更好地与客户沟通。与客户交流，让你的眼神随着话题的转移而做出恰当的反应，或喜、或惊，恰到好处，交流氛围才会变得鲜活、融洽。运用好眼神，所产生的效果是奇妙的，意想不到的。

让眼睛会说话

在销售过程中，你的一言一行都会被客户看在眼里，记在心里，一个小小的动作或许能促成交易，同样的，也能毁了一单生意。销售员可以充分利用眼神进行卓有成效的沟通，当你用炯炯有神的眼睛看着客户，向客户介绍产品时，双眼包含的热情、坦然都会影响到客户，让客户产生信任感。一双充满热情的眼神会增加客户对产品的信心，同时对彼此的交流产生好感。用眼神与客户交流，要表现出真诚、热情，让客户感受到你的尊重。让你的眼睛会说话，用你的眼神去感染客户。那么，在与客户眼神沟通时需要注意什么呢？

1. 注意视线停留位置。有些销售员或许是因为紧张，或许是不够自信，总之，面对客户的眼神通常选择躲闪。其实，在与客户对视时，无论目光所表达的信息是肯定或是赞许，抑或是疑问、不满，勇敢迎接客户目光更容易引起客户的好感，一般情况下，销售员停留视线的最佳位置在客户的双眼和嘴巴之间的三角部位，这样的眼神会让客户感受到你的礼貌与友好。

2. 眼神停留时间。勇敢迎接客户的目光固然重要，也可以体现你的自信，可是，如果没把握好度，就会适得其反。眼神停留保持一定的度，如果时间过长，就会让客户感到不自在；如果时间过短，就会让客户觉得你对这个话题没兴趣。

3. 注意双眼要有神。如果客户在说话时，你的两眼空洞无神，就会让客户觉得你心不在焉，客户对你的信赖感会大大降低。

4. 注意要集中目光。目光游移、飘忽不定，就会给人一种轻浮、不诚实的感觉，尤其是客户，面对这样的销售员都会提高警觉，客户的防备心也会更重，由此便拉开了彼此的距离，进而影响下一步的沟通。

眼睛是会说话的，不同的眼神反映出不同的信息，柔和、清澈、明朗的眼神拉近双方的距离，让沟通更顺利。试想一下，面对一个眉头紧锁、目光冷淡的销售员，哪个客户会愿意掏钱买东西呢?

2. 手势沟通：让你的手势更有指向性

交流的过程并非只靠嘴巴说，还会借用手势，让表达更立体、鲜活。通过手与手指的活动传达信息，这就是手势，一种极有表现力的体态语言。在谈话过程中，每个人都会有不同的手势，有的手势会让表达更顺利，而有的手势则会让人生厌。

在与客户交流的过程中，一定要注意自己的手势，手势不仅仅是一个动作而已，更是一个人外在形象的全部体现。如果你在与客户交谈时，一会儿抓头发，一会儿挖耳朵，客户会作何感想？一个专业的销售员，会利用手势完美表达自己的意愿，让客户看到自己的专业、热情、真诚……

用你的手势进行沟通

很多人认为，销售只要口才好就可以了，可是，如果手势表达不准确，也是无法与客户进行良好沟通的，比如，有的销售员在与客户交谈时，会将手放在裤袋里，这就会让客户很不满意。还有的销售员在指出客户的错误时，直接用手指着对方，这样会让客户很不舒服。还有的销售员说话时喜欢加些小动作，尤其是手部动作，比如在回想某件事时，就会举起一只手，用手指轻轻敲打头部，这其实都是没有必要的，也是很没礼貌的手势。

在与人交流过程中，手势不宜单调重复，也不能做得太多，太多的话就让客户“眼花缭乱”，更会觉得你不知所谓。一名优秀的销售员，既不会呆板地向客户介绍产品，也不会像多动症一样不停打手势，他们会运用得体的手势赢得客户的信任与好感。

小卢虽然从事销售工作时间不长，但业绩却不错。一天，她向一位客户推销产品，约在客户的办公室，坐在客户对面，小卢表现得体。

小卢的专业知识是过硬的，在面对客户的提问时，她不显慌张，都一一回答了。她的手自然放在腿上，为客户讲解时，会适时加上手势。比如，在借用客户办公室某物打比方时，她会轻举一只手，手心朝上，指尖对着某物，面带微笑地说：“您看，这个……”在肯定自己的公司时，会将右手放于胸前，说：“我们一定……”当需要给客户看某页资料时，她会双手递给客户，并将资料反过来，正面对着客户……整个交流过程都非常轻松。

很多销售员性格外向，在介绍产品时，喜欢运用手势，只不过，过于花哨了，手舞足蹈，就显得有些不礼貌了。在与客户的交流过程中，即便是女销售员也不应该将无名指或是小指跷起来，给人一种作态之嫌。更加不要随意摆弄手指，一会儿用手指敲打腿，一会儿捻指，这会给客户一种无聊的感觉，认为你的态度并不认真，不重视客户。

让手势为你加分

手势使用不当，就会让客户心里不舒服。尤其是现今社会，外贸企业越来越多，很可能接触到多个国家的客户，此时，更应该注意手势的使用。比如，在巴西，右手握拳并将大姆指放于食指与中指间，这个手势代表着交好运。但在俄罗斯，这个手势就带有侮辱的意思。所以，手势不能乱用。注意手势礼仪，可以让销售更顺利。

1. 手势幅度。一般情况下，手势的动作不宜过大，也不宜过于频繁。上不能超过客户视线，下不能低于自己胸区。左右摆的范围也不应过宽，胸前或右方较为适宜。

2. 手势柔和。手势不宜过硬，生硬的直线条手势，会让客户产生距离感，应多使用柔和手势，比如指引时，手臂要自然弯曲，手心朝上，向着指引的方向。

3. 不良手势。很多销售员对于手势不太在意，认为客户关心的是产品，根本不会注意自己的“小动作”，其实不然，很多客户都是通过销售员的语言、手势等来判断这个人可不可信的。而且，“小动作”过多，就会让客户对你产生不良印象，交流也会受到阻碍。所以，在与客户交流时，一定要避免以下不良手势：

· 当交流的目标指向自己时，不要用手指着自己的鼻尖，而是将手掌按在胸口。

• 不要用手直接指客户，这是非常不礼貌的。

• 见客户时，不要抓头发、抬腕看表、玩饰物等。

• 客户发表意见时，不要指手画脚，手势动作不宜过大或过多。

手势不同，所表达的意思也不同，在运用手势的时候，一定要注意，不然就会造成不必要的误会，影响沟通的进程。当然，恰当的手势能达到良好沟通的效果，为自己的形象加分。恰当地使用手势，会让你的语言更有感染力。

3. 间接沟通：模糊语言有时很管用

生活中，人的性格分很多种，性格的不同，所使用的沟通方式也不同。比如性格耿直的人，说话都很直接，丁是丁，卯是卯，将想要表达的意思直截了当表达清楚。虽然听的人一下子就明白了其中的意思，但有时内心难免不舒服，尤其是带点反驳意味的谈话。如果是处世圆融的人，说话就会较为委婉，会用“差不多”、“应该可以”等这些模糊的词。

语言是很奇妙的，有时语气不同，所表达的意思也不同。在某些特定场合还能彰显出一个人的智慧。在与客户的沟通过程中，可以巧妙运用语言的特点。在面对客户时，客户会提出很多问题，有些销售员总是会变得很紧张，生怕回答不准确而丢掉客户。其实，回答客户的问题也是讲究一定技巧的，委婉回答或是适当地使用模糊语言，有时是很管用的。

模糊语言，虽然语言是模糊的，可是并不会对交流造成影响，反而使语言更具表现力，使交流更轻松。

销售员要明白，有时确切地回答客户的问题反而会引起客户的怀疑，适当对问题有所保留，会为自己争取更多机会。

让客户有更多的想象空间

在表达自己意愿，或回答客户较为敏感的问题时，都可以使用模糊语言。在汉语中，语言本身就存在模糊性，比如，时间范围的界定，“早晨”和“上午”；“下午”和“傍晚”等，这些都没有明确的界限，只表示一个大致的时间。再有就是颜色，比如“紫色”和“紫罗兰色”；“草绿色”和“军绿色”等，对于这些颜色我们是很难划分一道明确界限的。

模糊的语言可以增加更多信息量，运用模糊语言可以传达最丰富的信息，但在使用过程中，也要注意对象，避免产生歧义，让客户误会，造成不可挽回的局面。

在销售过程中，一定要注意自己的语言，一言不对，就会造成损失。当面对客户的问题，不知道或不愿意，但又必须回答时，就可以使用模糊语言，否则，失言之下就会不知所措，巧妙使用模糊语言，会让对方无法精确把握答语含义的回答，效果很好。

模糊语言最大的特点就是左右逢源，从表面来看，问题已经回答了，实际上就如同没回答一样。

客户说："这个产品好是好，但还是存在一点小瑕疵，你看就是……如果能想办法改进就更好了。"

销售员说："您真是好眼力，就目前技术而言，还达不到您说的标准，不过这正是我们下一步努力的目标。"

客户说："是吗？做到什么程度了，需要多长时间？"

销售员说："我们会努力，用最短的时间使产品做到更好。新产品推出，我一定第一时间通知您。"

销售员并没有给客户以确切的时间，但又不会让客户觉得你没有回答他的问题，相反，觉得你的回答很真诚。尤其是"第一时间"的使用，谁也不知道"第一时间"是什么时候，几天？几个月？看似都算第一时间，可又不算。但在客户听来，就是你很重视他，给人一种很及时的感觉。

让语言发挥魅力

我们常说，与人交往贵在真诚，尤其是在销售行业，如果说过的话转身就变，那么，如何赢得更多的客户？在与客户的沟通中，为避免造成误会，大多数的销售员都会精准地表达信息内容，可是，最后却达不到应有的效果。

其实，在沟通时，适当使用模糊语言，可以使沟通起到积极的作用，这也是自我保护的一种方式。

沟通过程，语言严谨、准确，或许更让客户信服，但在一些特定的语境中，模糊语言更管用，如主题不明确或争取更有利的交易条件时，都可以使用模糊语言。有时候不太确定时，就可以用模糊的语言来代替。

客户问销售员一个技术性问题，销售员需要回公司确认后才能回复，于是对客户说："明天早上九点半给您回复，可以吗？"结果到了九点五十才打电话给客户，客户很不高兴。

同样的问题，另一个销售员是这样回答的："明天早上九点半左右给您回复，可以吗？"到了九点五十给客户回电话，与客户相谈甚欢。

在销售过程中，如果你觉得时机尚未成熟，为了不使自己处于进退两难的局面，可以使用模糊语言，可以说，这也是缓兵之计，可以为自己争取更多的考虑时间。

4. 察言观色：看懂对方的消费心理

做销售的少不了与各种类型的人打交道，如果懂得察言观色，就能攻克客户的心理，不仅能促成交易，还能相处得很愉快。

在与客户的交流过程中，善于察言观色，通过对客户表情动作的观察来判断客户当时的心态，这一点很重要。静观其变，便可洞察先机，占拒主动权。较为困难的一点就是，人的心理很难琢磨，尤其是现今社会，人人都戴着面具，将真实的自己隐藏了起来。表面高兴内心哀伤的人不在少数，看起来神情自若的人也未必真的就不紧张，所以，要做到一眼看穿很难。可是，还是有规律可循的。

一个优秀的销售员可能不是口才最好的，但一定是个细心的人，他们会鼓励客户多讲话，以此来观察客户的眼神与细微的肢体动作，从中判断客户内心的真实感受，这对销售帮助很大。

你懂得察言观色吗

所谓的察言观色，察的就是语言，而观的就是脸色。每个销售员都要练就一双火眼金睛，敏锐的观察力可以快速辨别客户的心理。观察客户的言谈举止，揣摩客户的消费心理，才能判断出客户的爱好与真正意图，这样便于有针对性的沟通，促成销售。那么，察言观色要从哪些方面入手呢？

1. 外在特征。不同的人，其对产品的需求也不同。性格、职业、年龄等，都是影响产品购买的原因。比如年长者偏爱方便实用的产品，年轻者更爱个性时尚的产品；工薪阶层关注的是经济实惠的产品，文艺人士则对高雅大方的产品情有独钟……当接触到客户时，首先观察具年龄、衣着，再推断其职业、爱好，经过慢慢了解，有针对性地介绍产品。

2. 言谈举止。一个人的言谈举止反映了一个人的生活环境、受教育程度等，通过观察客户的言谈举止，可以判断出其背景。而且，言谈举止也可以看出一个人的性格，比如说话干脆的人，性格都较为直爽，这类人适合快速达成交易，故要精准把握其爱好，迅速推荐产品。面对产品，挑来挑去，犹豫不绝的人，一定要耐心，他们多属于顺从型，要耐心为其挑选产品，适时解释，这样达成交易的概率就会大。

3. 谁占主导。很多时候，尤其是在购买价格较高或是数量较多的产品时，大多是结伴出来。在挑选产品时，会因为性格、兴趣等原因而产生不一样的意见，面对这样的客户，销售员首先要弄清的是：

• 出钱者是谁？出钱者的意愿是很重要的。

• 产品使用者是谁？产品使用者对产品选定有决定性作用。

• 看出谁是“内行”？这样的结伴出行，多会找一个“内行”，他的意见通常很重要。

了解清楚后，销售员就要细心观察，将主次分清楚，找到绝对影响者，以其为中心，统一意见，促进销售。

从表情看进对方心里

一个人的表情体现了他的内心活动，尤其是不经意间流露出的表情。在为客户介绍产品时，客户会发出表情信号，从这些表情信号中，往往会发现客户的潜在需求。虽然人的表情真假难辨，但经过细心观察，认真思考，仍旧可以发现成交信号。比如，客户频繁点头；神采奕奕，对产品特性很感兴趣；眉毛上扬；冷漠的表情渐渐缓和，变得自然……这些信号都说明，客户有着明显的购买欲望，此时便是促成交易的最佳时机，销售员看到客户这些表情，便可以大胆提出成交要求。

在推销过程中，客户的一举一动都表明了他们在想什么。从客户表现出来的表情分析其是购买还是不购买，这还要求销售员懂得当机立断。一些不善于察言观色的销售员往往会错过客户的成交信号，进而导致销售失败。通常情况下，一位客户在销售现场逗留的时间为5~7分钟，在此期间一定要注意观察客户。一旦发现成交信号，就马上调整思路，勇敢提出交易。

走出察言观色的误区

很多销售员对“察言观色”存在一定的误区，他们学习“察言观色”，却只是片面地认为，只要观察客户的衣着、举止神态等就能判断客户的购买行为，从字面上理解，倒并没有什么错，可是，在实际运用中，却存在一定的差异。

举例说明：

一位销售员接待了一位客户，客户穿着特别简单的T恤衫，一条洗得发白的牛仔裤，一双拖鞋，给人的感觉不像是来买东西的，就像是吃完饭没事做，出来闲逛的，销售员有些不屑一顾。客户在店里转了圈，在一款产品前停了下来，询问销售员价格，销售员敷衍地讲了一下。客户说："价格有点高了。"销售员不以为然，心里想着：便宜你也不一定能买得起。客户又问了一些问题，销售爱答不理的回答着。最后，客户走了。

销售员出去接了个电话，抬头看到那个客户手里提着竞争对手的产品。顿时愕然，因为那件产品的价格的确不低，他心想，真的是自己看走眼了。

其实，购买力与购买行为特征是完全不同的概念，在判断一个人的时候，主要看他的购买行为特征。仅以一个人的衣着就判断其消费水平，未免过于武断了。

5. 肢体动作：体现客户的心理动态

众所周知，销售要有好的口才，需要用语言阐述产品的特点。在销售过程中，一些销售员只是关注客户说了什么，想要从客户的语言里得到肯定的信息。他们认为，交流就是靠语言维持的，因此忽略了非语言沟通。

其实，非语言沟通在交流中起到了极为重要的作用，从非语言的表现中更能看出成交的信息，如果错过了，便失去了交易。萨米·莫尔修曾经说过：

"身体是灵魂的手套，肢体语言是心灵的话语。如果我们的感觉够敏锐开放，眼睛够锐利，能捕捉身体语言表达的信息，那么，言谈和交往就容易得多了。认识肢体语言，等于为彼此开了一条直接沟通、畅通无阻的大道。"所以，销售者不单要注意听客户说了什么，还要认真观察客户的肢体动作，客户的心理动态大都是从肢体语言中体现出来的。语言所传递出来的信息其实只占据了所要表达意思的 35% 而已，其余的 65% 都是从肢体语言中传递出来的。

沉默的语言更有影响力

肢体语言主要借助动作、体态、表情等来完成，比如说眼神交流，肢体语言的体现会让整个沟通变得充实。其实很容易理解，试想一下，如果销售员与客户都是两眼无神、动作僵硬地坐在那里，你一言我一语地搭语，结果可想而知，既无聊又呆板。或者其中一方面无表情，沟通也是很难进行下去的。

每一个动作都有其要表达的含义，尤其是下意识动作。而且，性格不同，所展现的肢体语言也不同。在和客户进行面对面沟通时，客户即便话很少，很难让你听到有用的信息，但他的肢体动作折射他的心理动态。比如，你在给客户介绍产品的时候，客户的双手交叉抱于胸前，这个动作就表示他的防范心很重。威廉•莎士比亚曾经说过："沉默中有意义，手势中有语言。"虽然说每个人所面对的情况不同，肢体动作也会不同，而且，即便是同样的动作所反映出来的信息也不尽相同。但并非无规律可循，只要认真观察与分析，就能从中读出真正有利于自己的信息，有助于正确把握客户心理，适时调整销售策略，达成交易。

解读客户的肢体语言

销售员除了要捕捉客户语言中的意思，更重要的是观察客户的肢体动作，这样才能了解客户内心的真实想法。下面我们来看看不同的动作都代表了什么意思：

1. 边说话边揉鼻子。这表示客户对你所说的话并不相信，似乎在问："你说的是真的吗？"对你刚刚说的话有否定的意思。此时如果不了解肢体动作的含义，没有适时转移话题，就会引起客户更大的不满，不利于销售。

2. 弹烟灰节奏较快的人内心较为焦虑，不愿继续话题，此时就要注意观察，然后转移话题。

3. 用手有节奏地叩击桌子，或是用笔敲打桌面，同时抖脚，这说明对方对你所讲的内容不感兴趣，甚至是厌烦。如果销售员对客户的手势动作视而不见，接下来便是毫不留情的驱逐动作，此时再想挽回几乎是不可能的。所以，一定要认真观察，以便采取相对应的措施。

4. 将手放在口袋里，这表示此人有防御性，客户对陌生的环境有所畏惧，此时，应营造出一种轻松的氛围。较为快速的方法就是让客户体验产品，赢得客户的信赖，消除其防备心理。

5. 摸鼻梁或是抚摸下巴，这说明客户进入了最后的决定状态，此时，不要催促客户，而是给其安静的思考空间。当然，时间不应过长，适时给客户一剂强心针，让客户坚信自己的选择是正确的。

优秀的销售员总能从客户微小的动作中捕捉到有效的信息。大多数的客户不会选择口头表达购买信息，可是，一些不经意的小动作总会"出卖"他们。当你认真观察时，就会从中获得重要信息。

销售员说："这是我们公司产品的图片和相关资料，您可以看一下。"

客户："对不起，我现在没时间，你也看到了，我准备外出。"

销售员急忙说："您只需要花费五分钟就可以看完了，而且，我可以把资料放在这儿。”说完他拿出几款有吸引力的产品图片。此时，他看到客户的目光停留在了某款产品图片上。客户手中的皮包也不知不觉重新放在了桌子上，然后坐了下来。销售员意识到客户对这款产品产生了兴趣，便趁热打铁展开了推销……

所有的客户心里都有自己的小算盘，他们将自己的真实想法层层包裹，让很多销售员都束手无策。要想提升业绩，唯有了解客户的真实想法。要想在谈判过程中占据主动权，就要了解客户的心理动态。而所有的这一切都需要销售员从客户的肢体动作中体察。

6. 产品对比：传递自己产品的优势信息

销售员与客户的沟通非常重要，在这个过程中，如何让客户快速接受产品？市场竞争愈发激烈，要想在同类产品中脱颖而出，就要让客户了解产品的优势，否则是很难引起客户注意的。

将产品优势充分展示在客户面前，这样更容易打动客户，促进销售。那么，如何传递产品的优势信息给客户呢？这是需要一定技巧的。

从客户需求入手，优势介绍

在传递产品优势信息之前，销售员首先要弄清楚的是产品特性与产品优点。具体来讲，产品特性主要是产品的实物特征，即功能、构造等。产品优点则主要是针对客户而言的价值。在为客户做产品介绍时，要想增加客户印象，就要将产品特点转化为产品优点，针对客户的需求说出产品的相关优势，这样才能让客户印象深刻，才有兴趣进一步了解。

"我们虽然不是大品牌，但质量是有保障的，而且产品优点非常适合您，省电、清晰……与同类产品相比，价格更优惠……""价格是稍微高些，但性能更强大，有了它……"这些销售语言对于客户来讲都有一定的说服力。

一位销售打印纸的业务员，约到一位客户，之前做过了解，这位客户对于打印纸的需求量很大。按照约定时间，销售员来到了客户办公室。

对于销售员的到来，客户的态度并不热情，并且只给销售20分钟的时间。这位销售员并未做过多的介绍，他对客户提出一个请求，借用一下电脑、打印机。销售员打印了两份东西出来，他拿到客户面前。客户很快看出了端倪，一份字迹非常清晰，而且没有晕染；另一份虽字迹也清晰，但细看之下还是有区别的。

最后，客户决定购买这位销售员的打印纸。

这位销售员没费多少口舌就说服了客户，很大程度上是因为向客户真实传递了产品的优势。对比之下，客户自然会选择好的产品。

优势对比技巧

在销售过程中，如何展示产品优势？如何在众多产品中胜出？就需要做到以下几点：

1. 展示产品优势的方式。在展示产品优势时，不管使用何种方式，都离不开产品的几个方面，如：性价比、方便、安全……从这些方面入手，再根据客户的真实需求采用不同的说明方法。如果客户在乎的是产品的性能，就让客户感受一下，也可以拿些竞品，让客户自己做比较。

2. 了解竞品。销售员除了要了解自身产品外，对于竞品也要有一定的了解。否则客户说竞品哪里更好时，你如何应对？当了解了竞品的优劣势时，就可以避其锋芒，从其他方面入手，做到人无我有，人有我优的目的。

3. 强化产品优势。沟通过程中，客户会说出购买产品的条件，此时，销售员就将自身产品特性与客户理想产品进行对比。明确产品的哪些特征是符合期望的，哪些特征是难以实现的。然后，进行客观分析、对比。销售员就可以有针对性地对客户进行劝说，进一步强化产品优势，弱化难以实现的要求。

在强化产品优势时需要注意，不能夸大其词，用自信、真诚去打动客户。如“您刚才提的要求，我们公司都可以满足。与 ×× 相比，我们公司的产品新增加了 ×× 功能，而且提供了多种服务项目……”

在实际销售中，不管如何努力强化优势，客户还是会发现，你所推销的产品在某些方面无法达到自己的理想要求。这些其实是无法完全避免的。销售员需要做的就是，主动出击，在对比中让客户了解价格与产品是成正比的。站在客户的角度，让客户明白，你的产品可以为他带来益处，解决其他产品无法解决的问题，这样客户才会下决心购买。约翰·伍兹说：“如果没有与用途、价值或服务等相关的好处，客户是不会购买你的产品的。因而销售人员的工作就是让客户相信，这种产品是绝对不会令他们失望的。”

在为客户介绍产品之前，首先要做的是，了解客户最关心的是什么，然后有针对性地进行说明。在对比的过程中，销售员的思络一定要清晰，简单明了，让客户能很快明白。很多时候，客户心里也有一个比较，此时可以说：“您比较是很正常的，那您可以告诉我，您想比较哪些方面呢？”以此来让客户说出内心的目标，然后结合自身产品优势对客户进行说明，一般会事半功倍。

7. 挑毛拣刺：嫌货才是买货人

在销售过程中时常会碰到客户对产品挑三拣四的，然后对产品提出异议，其实他们只不过是想销售员给他们一个购买的理由。正所谓：嫌货才是买货人。挑毛拣刺，正说明客户对产品有兴趣，正在考虑是否购买。每一位客户在购买时都希望物超所值，因此，就会提出很多意见。面对这样的情况，销售员不要埋怨或是指责客户，更无须担忧，细心为客户讲解，体现产品优势，交易自然容易达成。

正确对待客户的“刁难”

小胡是一名推销员，接待了一位客户，小胡热情为客户讲解产品功能、使用方法等。客户却语气不善地说：“你们的产品可没有 ×× 品牌好，我一个同事上个月买的你们的产品，前两天就听说出现了小毛病……”

小胡面带微笑地说：“对于您同事的遭遇我深表歉意，这是我们的售后电话，您可以拿给你同事，打完电话 24 小时之内肯定可以解决问题。”小胡递给了客户一张名片，然后接着说，“或许您也可以将地址告诉我，我来打电话让维修人员马上过去。”

客户的脸色稍有缓和，此时，小胡巧妙将客户的注意力转移到了产品身上，客户还是提出了一些问题，但小胡都一一化解了，并没有一丝不耐烦。他知道，客户之所以关心这些问题，是因为有了购买的欲望。

销售中遇到“嫌货”的客户再正常不过，如果没有异议才奇怪呢。正如汤姆·霍普金斯所说：“一旦遇到异议，成功的销售员会意识到，他已经到达了金矿；当他开始听到不同意见时，他就是在挖金子了；只有得不到任何意见时，他才真正感到担忧，因为没有异议的人一般不会认真地考虑购买。”所以，正确对待客户的“刁难”非常重要。

让客户随便提意见

在销售过程中，很少有客户会没有一点异议就购买的，这类人大多是没有购买动机与欲望。所以，就销售而言，无论客户出于什么目的提出的异议，都要认真对待，这是客户关心产品的一种方式。

销售员要明白，之所以对产品没有异议，是因为对产品不感兴趣，产品卖多少钱与他们无关，这些只不过是来去匆匆的看客罢了。因此，也无须多费口舌去讨论产品。比如，你推销一款包包，对客户介绍包包是真皮，设计理念等，可是，对方依然沉默不语，此时便可以换一种风格的包包，因为客户根本不感兴趣。相反，如果对方感兴趣，就会问关于包包的所有信息，比如是牛皮还是鳄鱼皮？能不能打折？遇到不满意的地方也会直接提出质疑。比如说，一位客户在挑选过后，基本确定了产品，可要求销售再打个折。想要打折是购买的前兆，试想一下，谁会闲着去坎价？只要客户要求打折基本就是准客户了。

当客户对你的所有建议都没有任何异议，那么，就应该考虑放弃说服。而那些不断提出问题的人才是真正要购买的人，也是你应该花精力去说服的。

第八章

让对方感受你的“抢手”

——物美价廉谈判技巧

你将在本章学到：

- 如何进行价格谈判
- 如何进行条件谈判
- 如何说服客户

关键词：价格谈判　条件谈判　说服

1. 引导谈判：多让客户说“是”的问题

每一位销售人员在与客户谈判的过程中，多少会遭到客户的质疑，也不是每一件商品都会顺利地销售出去，“这件商品的价格太高了”，“我不喜欢它的款式”，“我不想现在就购买这件商品增加我的额外开支”等，面对客户的这些质疑，你又将如何是好呢？

客户总是会找到自己不喜欢某件商品中的毛病，或许并不是真的不想购买这件商品，面对客户总是会说“NO”，有一个非常有用的方法来应对这样的问题，就是，多问能让客户说“Yes”的问题，让他有更多的机会了解你所销售的商品，而不是在最短的时间内就一盆水将你泼走，如果这样，你接下来再怎样好的介绍和推销的手段也没有发挥的舞台了，不是吗？

多问让客户说“是”的问题，是在谈判的时候，第一个将客户留下的手段，每一位销售人员都应该学会这样，而不是谈判刚进行，客户就表现得对你的商品不再感兴趣，或者被你说的价格吓得快步走掉，这都是没有给客户一个好的开始造成的，这就是“良好的开端就是成功的一半”的道理，多让客户说“是”，接下来，才能与客户谈论价格，才会有获得客户承诺，获得签单的机会。

变“不”为“是”

作为一位销售人员，在面对客户的时候，让你的客户购买你的商品或者你的服务，绝对是你的终极目标。可是，如果没有一个好的开始，想让客户先肯定你所说的话，势必是不可能的。当你一开口就以客户的否定结果出现，无疑，这对你来说，是最为不利的事情，随之而来的也会是一个不利的进程和结果。

那么，在了解客户的时候，能让客户以肯定形式回答你的问题，对于你接下来的一切都会有一个很好的保障，至少，他没有在最开始的时候就拒绝了你，他没有回答“NO”就是一个好的开始。就好像在一次与客户的谈判中，有一个好的引导，接下来就比较顺利。

卖方：您以前是用过我们的产品的，它的效果很好，是吗？

买方：确实，有很大的效果。

卖方：我们公司生产的商品对你的帮助很大，而且，同类商品上，比便宜的商品效果好，比贵的商品价格便宜，这也是您一直都看得到的，不是吗？

买方：是的。

卖方：以您现在的资金实力，我能为你带来 ×× 收益，你会有兴趣的，是吧！

买方：哦，是的……

看到买方的犹豫，没等到他说但是，又进行了下一步的问题。

卖方：您是知道我们产品在市场上的质量和价格，你有什么样的看法？

买方：……

卖方：你觉得我们的产品和服务有什么方面的不足吗？

……

不给客户机会说“不”，我想是对于客户减少和避免说“不”的最好的一个策略，在面对新的客户的时候，不要马上表明你的身份，你的用意，大胆、清楚地约你的客户见面，交流中多用一些“为什么”，“你觉得这样会怎么样呢？”“你怎么会这样想呢？”“你是知道我们能为你带来多少利益的”，“商品出现问题，更新才是最有效地解决方法，不是吗？”

这些都是面对客户的一些策略，销售人员避免说出让客户厌烦的话，往往能获得同客户继续交谈下去的机会，这也会获得更多客户的想法，同时，也有利于你进行以下的会谈。怎样说，怎样问，都是销售人员应该关心和学习的问题，学会了问问题的艺术，你就会为你的客户展现出一道独特的美食，让他有想尝试一下的欲望。

你要的就是这样的回答

皮特是一个订做服装公司的经理，他在面对客户的时候很有经验，这次他在几经周折获得一次与一家公司老板见面的机会，更是要一展他的推销手段的时候了。

老板：“无论你怎样说，我今天是没有时间订你们公司生产的服装的，你最好要搞清楚这一点……”

皮特：“是吗？那好，我们今天聊点你感兴趣的吧，而且我也不会耽误您太多时间，进行一次你认为没有价值的谈话。”

老板：“哦，是吗？我的时间可是比珍珠都宝贵的，你应该不会明白这一点吧。”

皮特：“我想，我带给你的会是珍珠的价值，不然，我不会来这里耽误您的时间的，您说呢？我想，老板，你这样的身材，想要在市场上买得一件合适的衣服不再修改是不容易的吧……”

老板：“你说得对，在市场上很难买到我这种身材的衣服，我也没有时间去一家挨着一家商店去选购衣服……”

皮特：“那么，你现在穿的是哪家公司生产的衣服呢？”

老板：“呃，这个，是××公司的。”

皮特：“那个公司很不错的，如果，在您有时间的时候给我一个电话，我上门为您量身订做，而且有什么新款式的衣服都会告诉你，对于服装后期提供一切保障，你会有兴趣吗？”

老板：“哦，如果是这样的话，会给我带来很多方便，谁都会答应的。”

皮特：“哦，呵呵，如果我提供的服装价格在××到××不等的价格，你会不会考虑一下呢？而且，我想别家的服装绝对不会比我提供的款式多而且在价格上比我们有更大的优势……如果您只有几套不同的西装的话，对于一位总裁是远远不够用的，你说呢？”

老板：“哦，你说得很有道理，我的西装也确实不够用，而且款式也不多；不过……”

皮特：“老板，这么一块肉放在你面前，你还在担心什么呢？”

老板：“呵呵，我正在减肥呢？呵呵……不过，我从来没有在贵公司订过服装，不知道你们能给我带来怎样的感受，给我带来什么样的服装效果……”

皮特：“您真幽默，不过，××公司和××公司的老板也是从我们公司订做的服装，而且，他们对于我们公司生产的服装很满意，我想你应该认识他们吧，而且，很多时候都会同他们见面吧。”

老板：“是的，我认识，如果是这样的话，我愿意去尝试你们公司的服装，哦，好了，我要有事情忙了，今天先进行到这里，好吗？我想我明天会给你电话的，今天的聊天很值得。再见。”

虽然，那位老板一开始表现出非常让人难以接近的姿态，不过，皮特的问题没有一次让老板感到厌烦，而是很配合地说出了自己的需求，而皮特也以这位老板购买了他的商品而有了一个完美的终点。

一位成功的销售人员，就是要驾驭客户，引领客户去选择商品或者服务，而不是被客户一直拖在后面，那样的话，只会被拖得死掉，自己也不会做出什么样的成果，客户也不会从你这选择什么商品。

问一些客户感兴趣的话题，逐渐推进，不想让客户说“不”，最好的方法只有避免客户说“不”，我想这是比什么都好的决策，而这个决策能否很好地进行，主要就在于你，在于你作为一名销售人员会不会选择问一些更多的问题，让你的客户给你肯定的回答。

2. 适时沉默：适当的沉默也是一种力量

就销售而言，很多人认为，口才越好，业绩就越好。在与客户进行谈判时，口才显得尤为重要。可是，很多人将“口才”与“话多”放在了一起。多说话的结果就是客户没有了开口说话的机会

一谈起销售，很多人都会联想到“巧舌如簧”、“口生莲花”等词，不可否认，能说会道，沟通能力强是做销售需要具备的素质，可是，要做一名优秀的销售，首先应该学习的是适时沉默。“说”的本领再强，如果“不会说”，沟通也是失败的。

祸从口出，管好自己的嘴巴

正所谓“祸从口出”，说出去的话犹如泼出去的水，是很难再收回来的，不是有这样一个成语吗，“覆水难收”。在与客户进行沟通时，适当的沉默就是一种无形的力量，让对方找不到发力点，进而摆脱尴尬局面。

一位经验丰富的销售员带着一位新入行的销售员去拜访一位客户。与客户寒暄之后，便进入了正题。经验丰富的销售员口若悬河地开始讲了，在这个过程中，客户只是静静听着，没发表任何意见。销售员觉得事情有些不对劲，他不确定客户是否在听，也摸不准客户的想法。说了不到五分钟，他便停了下来，等着客户的反应。沉默的间隙是尴尬的。新入行的销售员无法忍受这样的尴尬，正襟危坐准备开口打破沉默。经验丰富的销售员见此情景赶快示意他不要开口。

此时，客户抬起了头，但仍未说话。销售员也未开口。终于，还是客户先开口了，一下子讲了半个小时有余，在这个过程中，销售员只是适时发表两句。等客户说完了，销售员开口说：“付先生，此次沟通对我帮助很大，您提出的问题我会尽快核实，最初我的目的就是为您解决问题，下一次来希望可以为您带来不一样的想法。”经过几次会面，销售员取得了客户的信任，达成了交易。

很多时候，即便你说了再说，客户还是对你的产品不感兴趣，此时就要改变策略，适时沉默，从中了解客户的需求。如果像新入行的那位销售员一样，因为沉不住气，就会坏了大事。

不要逼客户付钱

谁都不喜欢被逼着买东西，在购买东西时，都希望是一个轻松、愉快的过程。可有的销售员总是很心急，不停催促客户快点下决定。其实，越是这样，客户越小心翼翼。俗语有云：“心急吃不了热豆腐。”

一位保险推销员按计划去拜访一户人家，其家中有三个子女。拜访之前他得知，这户人家的男主人前几天因病去世了。他敲开了客户的家门，女主人悲伤的神情让气氛变得沉重。在听完他的介绍之后，女主人表示现在她没有任何心情去处理任何事。他并未多言，只是说：“夫人，很抱歉，我刚刚得知您的遭遇，我只是想为您的丈夫献上一束花。”得到允许后，他向男主人的遗像献上了花，并希望女人节哀，注意身体。

女主人为他倒了一杯水，或许积压在心头的悲伤无处诉说，女主人讲起了丈夫突如其来的病痛。面对女主人的伤心欲绝，他知道此时语言已经显得过于苍白了。女主人拒绝了他的推销，此时，他说：“假如此时您为您的孩子们购买 ×× 保险，以后就算您没有固定的收入，您的孩子们也能正常接受教育，未来不至于无以为继。”说完，他适时住口，沉默地喝着水。

女主人听着他的话陷入了沉思，看着沉睡中的小女儿，十分钟后，女主人为她的孩子们购买了保险。

欲速则不达，过于急切会引起客户的不满与质疑。每一位销售员都想提升业绩，可是，如果客户不满意，何以提升？这里所说的满意，除了对产品、服务的满意度，最重要的是客户情绪上的满足。只要将产品情况适度说明即可，过于急切，反而会适得其反，适时沉默，切莫画蛇添足。

销售需要沟通，在沟通的过程中，客户希望自己身心都是处于放松、愉悦的状态。当你过于急切地将产品信息在短时间内传递给客户时，客户就有一种被强迫购买的感觉。要想让客户身心得到满足，适时沉默非常有必要，有助于促进销售。

还有，当碰到了喜欢“说”的客户，不要急着去打断，更不要认为他们说的都是“废话”，其实，这些话的信息量是很大的，如果你心不在焉，是很难了解客户的真正需求的。其实，客户侃侃而谈并非什么坏事，反而能使销售更加顺利。

3. 善捕时机：善于抓住时机，做到言到功成

作为销售员，最激动的时刻莫过于客户签单的那一刻。的确，销售员历经千辛万苦，看尽脸色，厚着脸皮去说服一个个陌生的人，其目的就是为了成交。如何让客户购买或是签单，对于销售员来讲是目的，也是销售中最重要的环节。哪怕前面进行得再顺利，如果客户不点头，就无法成交，只有达成交易，才算是完成了整个销售活动。

虽然销售机会有很多，但都是稍纵即逝的，只有快速且准确地判断销售时机，细心观察，才能避免错失良机。在销售过程中，那些善于抓住时机的销售员，总能占得先机，取得成功。

主动争取成交

不要期待客户能主动联系你，说自己要买你的产品。很多时候，是需要销售员起早贪黑去寻找客户的，即便寻找到客户，也要经过一番游说才能达成交易。坐等时机并不现实，只有善捕时机，主动争取成交，才有可能成功。那么，怎样去把握成交的最佳时机呢？

1. 识别成交时机。大多数的客户都是在销售员大费口舌之后才决定购买的，还有的客户是经过多次询问之后，对答案满意了才决定购买的。成交时机并非只有一次，在整个销售过程中，销售员要学会如何识别成交时机，不断尝试、试探，成交才更有希望。那么，什么情况下才能提出成交意愿呢？比如客户在心情非常好的时候，客户对产品产生浓厚兴趣的时候，在介绍了客户的优势之后……

2. 密切关注客户言行，捕捉成交信号。当客户产生了购买意图，就会在无意间通过行为、表情等表露出来。当然，成交信号的出现并不代表就一定能促成交易，可是，销售员可以把成交信号当作促成交易的最佳时机，抓住时机，便能一锤定音。

3. 细节问题。在捕捉时机的过程中还需要注意一些细节问题，比如说话的语气与方式，当到最后看到客户还是犹豫时，千万不要对客户说："到底买不买？"这样命令的口气只会把客户吓跑。可以改用这样的语气："今天我们能否达成交易呢？"

一些销售员在为客户介绍产品时，害怕错过时机而紧张不已，于是，便会在不恰当的时间或是场合催促客户下决定购买。还有的销售员在客户犹疑时，不主动出击，而是被动等待客户的回应，到最后错失交易的大好时机。

火眼金睛寻时机

市场竞争愈加激烈，机会转眼即逝，除了企业要保持高度的警惕，以免失去先机外，销售员也要学会收集并分析对销售造成影响的原因，以此来发现销售机会的可能。当销售员能正确感知机会，便能恰如其分地把握住时机，完成交易。

银行来了两位客户，一位刚归国不久，一位是炒汇户且持有其他银行的卡。他们准备取现金，是数额较大的外汇。这种情况，要么资金外流，要么从他行再转入本行。一位经验不足的新手按照程序，并未做任何询问便准备办理此业务。一位老员工恰巧发现了问题，他主动与客户沟通，并积极介绍本行炒汇及外币交易等方面的优势，两位客户听后频频点头，不但不取钱了，反而将钱改存成了定期，还将在其他行存的钱转存到了这家银行。

在销售过程中，不能被动等客户过来询问你，要善于捕捉时机，主动接近客户，这样才能为交易创造条件。通常来讲，处于竞争位置的销售员，所面临的环境、机会都是一致的，可以这样说，机会面前，所有人都是平等的。最主要的是看谁能把握住机会。所以，要迅速调动自己的观察力、分析力及应变能力，这样才能准确捕捉到市场信息，并抓住它，进而达成交易。

虽然说机会有很多，但真真假假，还需要自己去判断。而捕捉时机也是需要一定技巧的。

1. 注意自己的言行。销售的每一步都是非常重要的，一步错，就有可能毁了整个局面。如果销售员能很好地处理，便可以赢来推销机会，反之，就有可能失去推销机会。所以，销售员在这个过程中要保持绝对的冷静，利用自己的专业与经验去分析局面，谨思慎行，切勿鲁莽行事，失去机会。

2. 多听客户说了什么。都知道销售员是靠口才的，但不要一接近客户就说个没完，恨不得一次性将产品所有的特点都讲给客户，要给客户说话的机会，这样才能从中了解客户真正的想法，从中发现机会，适时提出成交，概率会非常大。

3. 伺机而动。在特殊的日子，如传统节日、体育盛事、主题活动等，进行推销活动，往往是最佳时机。一些经验老道的销售员会提前做好销售计划，只等节日到来，大显身手。

4. 把握好节奏。当客户进入最后的深思状态，就要放缓步调，给客户一些思考的时间。当客户有明显的购买意图，就要抓住机会，一鼓作气，说服客户购买。

捕捉销售时机虽不易，但只要掌握了一定的技巧，便能手到擒来。

4. 激将之法：激将的语言激发客户的“冲动”

营销是常做常新，没有固定的套路，这是一门高深的学问，且越学越深。客户千千万，性格也不尽相同，面对不同的客户，采用相对应的营销策略，才能保证业绩的提升。那么，当遇到犹豫不绝的客户时，应该怎么办呢？

大多数的人都有逆反心理，此时，不妨运用激将之法，以此来激发客户的购买“冲动”。所谓：请将不如激将。巧妙地运用语言刺激客户的自尊心，运用逆反心理，促成交易。当成功运用这一技巧时，客户往往会马上签单。但激将法不一定适用每一个客户，需针对特别人群，滥用则会得不偿失。同时，要把握好一个度，要明白，欲速则不达。过缓则起不到“激”的作用，客户无动于衷，便无法达到应有的效果。

有效刺激，事半功倍

在大多数情况下，面子比金钱的分量更重，在说服客户的过程中，金钱利益已起不到应有作用的时候，就可以偿试用“面子”来激发客户，从而达到目的。

一位保险销售员与一位客户的对话：

“我还需要再考虑一下。”

“先生，我清楚您还需要考虑什么，现如今很多有责任心的先生都会为自己的妻儿买保险，而且他们将这作为自己最大的光荣与责任，这不仅仅是一种投资，更是一种关爱，体现了丈夫对妻儿、对家庭的呵护。我曾遇到很多客户，他们都毫不犹豫地为自己的妻儿买了保险，像您这样的……”

听完销售员的话，这位一向以家庭为重的先生即刻表示要为妻儿买保险。保险推销员面对客户的犹豫不绝，果断采用了激将法，从丈夫、父亲的形象出发，将其责任提升到一个高度，不买保险就是缺乏责任心的表现，面对这样的“指责”，客户的自尊心不允许他再犹豫，为维护自己的形象便果断签单了。

还有一种情况是刺激客户的好胜心理。比如，一位女士走进一家名牌包包店，在一款新上市的包包前看了很久，还询问了销售员一些关于这款包包的问题，很明显地，这位女士对这款包包很感兴趣，可苦于价格偏高，有些犹豫。销售员心里明了，微笑地上前说：“女士，如果这款包包的价格无法令您满意，那么，您是否愿意看一下这边的？”说着便指向另一排货架上的产品。

令人出乎意料，这位女士果断去收银台付款了。销售员并未多费口舌便让客户下决心购买了，其实就是看重了客户的好胜心理。当然，好胜心的运用一定要注意，一定不能伤害客户的好胜心。比如，面对这位女士的犹豫不绝，销售员这样说："买不起就看其他的吧，这么高档的包包不是你能消费得起的。"这句话也有"激"的成分，但听上去让人觉得很不舒服，往往会适得其反，客户不但不会在"激"的状态下冲动去购买，而且，商店的形象也会大打折扣。

买卖双方一开始很难站在同一点上，如果卖方苦口婆心地劝说你购买，到最后，买方依然说要考虑一下。此时，很多卖方就会用最原始的"激将法"，挖苦、嘲讽客户，这与真正的激将法完全不同。所以，激将法不能作为必备技巧，不到万不得已，尽量不使用，即便采用，也要把握好分寸。

激将之法有诀窍

在销售过程中，很多时候是，成也激将，败也激将。这就需要销售员掌握一定的诀窍，正确"激将"便能收到意想不到的效果。激将之法隐含"逼迫"之意，稍有不慎就会引起客户的不满，所以，在运用时应注意以下几点：

1. 正确掌握客户心理。在与客户交流过程中，要注意观察客户，从中了解客户的性格，正确把握客户的心理，才能一"激"即中。一般情况下，只有极具自尊心、好胜心的客户才适用激将法。通常来讲，年纪较轻或是见识较少的人容易激将，还有那些衣着考究，地位高、受人尊重的人也怕人瞧不起，容易激将。在销售时，销售员可以根据不同的客户使用不同的方法激将。

2. 需照顾到客户的自尊心。在使用激将法时，前提是不能伤害客户的自尊心。否则不但达不到交易效果，反而因为自尊心问题牵扯出更多的问题。

3. 态度要自然。在销售工作中，激将法的使用频率不低，很多客户也有一定了解，所以，使用激将法也容易被客户看穿。因此，这一过程的过渡一定要自然。如果一下就被客户看出来你是在“激”他，不但不会顺从你意，还会激发客户的逆反心理，使交易无法完成。

总而言之，激将法的使用一定要把握好度，否则会起到反效果，那就得不偿失了。

5. 懂得“祈求”：必要的时候求求客户

销售并不是一件简单的事，面对性格不一的客户，很多销售员都有些招架不住。比如遇到较为强势的客户，即便知道自己有错，也不会承认，在购买产品时，这类人通常喜欢按照自己的意愿选择产品，不喜欢销售员在一旁不停解说。

面对这一类客户，首先要做的就是顺从，当然，并非是让你一味按照客户的思路走，而是用巧妙的方法使客户接受你的推销方式。必要的时候求求客户，或许会事半功倍。

很多人认为销售就是要点头哈腰为客户服务，用“祈求”的态度争取客户。其实不然，销售员与客户是应该相互尊重的，在诚信的基础上，为客户解决问题，才能达到双方都满意的程度。

“祈求”让工作更顺利

小杨和小李同为销售员，两人面对同一个客户，因为销售策略不同而产生了不同的结果。

小杨与客户：

小杨来到客户家，寒暄过后便开始切入主题，不停向客户传输专业知识，说自己的产品如何如何好，如果不购买肯定会后悔……岂料客户不但不感兴趣，反而很生气，毫不留情打断小杨的话，说自己不需要这个产品。面对客户强硬的态度，小杨只好离开了。

小李与客户：

小李来到客户家，寒暄过后并没有马上向客户介绍产品，而是与客户闲聊，根据客户的客厅布置来判断其品位及档次。与客户的老母亲也相谈甚欢，显然这位老母亲很喜欢和他聊天。

慢慢地，小李将话题引到了产品上，他并没有一股脑儿将所有的信息都灌输给客户，而是顺着客户的思络询问其真正的需求，并对客户的要求表示赞同与支持。接着，小李开始为客户分析产品能为客户带来的利益。

听了小李的话，客户开始考虑了，但还是没有下决心。此时小李说："和您谈话的过程中，我知道您是个很有品位和主见的人，我刚才和您提的几款产品其实都不太适合您。我们公司开发了一款新产品，下个月上市，倒是与您很相符，不知道您能否等一等？"

小李带着"祈求"的口气，让客户意外的同时也觉得小李是个值得信赖的人，他决定暂时等一等，一个月后，客户从小李手上购买了新产品。

真诚求助，收获颇多

徐鹤宁经朋友介绍认识了一位很富有的女士，她决定向这位女士推销她的课程，经过努力，徐鹤宁终于约到了这位女士。

两人打过招呼后，便进入了正题，徐鹤宁说："您的企业做得这么大，员工肯定很多吧，我觉得我们的课程很适合您的员工，将会对你的员工……”对于徐鹤宁的话，这位女士充满了敌视。

这位女士曾请过一位讲师，但却不守时，这样不尊重人的讲师让这位女士很难接受。于是，只要是推销课程的，她都会不接见。这位女士发泄着心中的不满，半个小时的时间，徐鹤宁并没有急着去说服这位女士。而且，到最后，她的态度都非常强硬，不会接受徐鹤宁的推销。

徐鹤宁并没有放弃，她携好友一起光顾这位女士的店，并买一些产品，在购买过程中，会与这位女士闲聊，但这位女士还是未松口。就这样，徐鹤宁隔段时间就会去这位女士的店里，她们就如朋友一样相处着。

有一次，徐鹤宁在上一次推广课，意外看到了这位女士，这让她很激动。演讲完，这位女士对徐鹤宁的态度完全改观了。她决定让徐鹤宁去她的公司进行演讲，以此来提高员工的工作积极性，培养员工的忠诚度……

徐鹤宁欣然接受。

不过这位女士除了要求徐鹤宁不能带与课程有关的东西外，还要求她不能推销任何课程。演讲开始之前，徐鹤宁不愿放弃这来之不易的机会，她悄然走到这位女士身边，用略带祈求的口气说：“老板，求求你了，演讲结束您能不能让我推广我的课程？说实话，这个月我业绩非常不理想，如果再不出业绩，我的名字就会写在企业板上，所有的人都会知道我……”

这位女士听着徐鹤宁的话，有些哭笑不得，她是见识过徐鹤宁的能力与实力的，知道一定不会让她失望，她笑着点头同意了。

6. 明白示弱：适时的示弱是一种技巧

在日常生活中，越来越多的人变得自我，这是个彰显个性的时代，受不得来自外在的一丁点委屈，面对他人的强势，不甘示弱，据理力争，争赢了，却失了人心。人要学着适时示弱，示弱并非软弱，而是一种处世智慧。尤其是在销售中，示弱会让销售过程变得更顺利。

示弱可以规避矛盾

一般来讲，自尊心强的人不容易示弱，会觉得不自在，不过示弱却是销售的秘诀之一，原因很简单，当你面对的是比自己强或是与自己不相上下的客户，你适时的示弱会让客户放松警惕，增加客户的信任感。在与客户的交流过程中，要想建立良好的合作关系，就要学会示弱。

小董是某家公司的销售代表，三年的历练，让他的工作越来越出色。他曾签了一个大客户，一直合作很好，可不久前对方换了负责人，烦恼也随之而来。小董与这位负责人估计天生犯冲，几天下来，关系越来越紧张。小董提出某个建议，负责人就一定会反对，几次都差点吵起来，但小董克制住了。

小董将自己的烦恼告诉了一位前辈，前辈劝他不要冲动，试着与新负责人建立良好的关系，要对对方有最起码的理解与信任。小董静下来心来，开始反思自己，他也意识到了自己的不足，决定改变自己的工作态度。

面对负责人的“挑刺儿”，小董没有了之前的剑拔弩张，不顶撞也不会巴结，他将所有精力都投入了工作中。一次，小董提出的意见又被负责人驳回，并说了自己的想法，小董示弱地说：“您说得对，这一点的确是我疏忽了。”慢慢地，负责人对小董的态度发生了改变，他们之间的配合也越来越默契，不仅成了生意上的伙伴，私下里也成了朋友。

很多时候，客户总是会为销售员制造很多问题，甚至是故意刁难，学会示弱，不要为了争一时而拼得你死我活，这便是销售员最大的智慧。

销售不是闷头向前走，转个身便是成功捷径

很多销售员为了实现目标，只知道往前走，他们不停地往前冲，虽然偶有成功，也是筋疲力尽，费时又费力。而有一些销售员则懂得方圆处世，在说服客户的过程中，他们不是一味地进攻，他们知道一味进攻的结果是随时面对失败。于是，在与客户的沟通过程中，他们巧妙地运用示弱的方式，往往会有意外的惊喜。试想一下，在与客户沟通过程中，面对客户的问题选择坚持己见、毫不妥协，不但会失去生意，还会引起客户极大的不满。

一个销售员首先要有一颗宽容的心，当与客户意见相左，不要急躁，站在客户的角度，妥善处理。如是图一时之快，小小的摩擦就会演变成大麻烦。销售中遇到“不可理喻”的客户在所难免，不要急着向前冲，适时示弱，可以弱化矛盾。

大多数的人都会同情弱者，面对强势，过于完美的人都会产生对抗心理，时刻防备着他们。反观那些有“缺点”，不完美的人更有亲和力，人们更愿意与之相处。如果你想完成交易，就要适时示弱，让客户不忍心拒绝你。在客户面前示弱需要注意以下几点：

从称呼入手。销售这一行业，做好了，也能成为成功人士。有些销售员就是因为业绩突出，在行业备受瞩目，以为自己很了不起，在不知不觉中就变得骄傲起来。在后来见客户时，这种骄傲感也不曾改掉，这就会给客户一种距离感。就称呼而言，较为低调的称谓常常会让客户产生好感。比如说，客户年纪比你大，你就说："我是 ×× 公司的销售代表张某某，您叫我小张就可以了。"反之，你可以说："我是 ×× 公司的销售代表张某某，您就叫老张吧。"这会让客户觉得你很好相处。

示弱要掌握好"度"。与逞强相比，示弱更容易赢得客户，可是，过分示弱就会引起客户的反感。一位销售员在面对客户的拒绝时，竟当场哭了起来，装可怜想以此博得同情，可是，客户却很反感地说："赵小姐，我看重的是产品的质量，从你刚才的介绍还有产品样品来看都存在很多问题，你哭也改变不了什么。而且，这是在谈工作，不是你哭闹两声就能扭转局面的……"示弱过了头，就给对方留下"没骨气"的印象，反而不好。

优秀的销售员大都会使用示弱的方式，来让客户满意。

7. 亮出底牌：该亮底牌时亮底牌

很多客户在购买产品时，只是打听价格，不一定会买，此时，销售员亮底牌时就要慎重了。一开始就亮出底牌，对自己很不利。即便你报的是最低价，可客户还是会觉得贵了，不值。因此，销售要卖的是价值，让客户觉得值，就算付钱的时候很心疼，但事后一定是舒心的。现如今的市场，可以说，价格是透明的，要留住客户，就要有与众不同的底牌。

有人说，在销售中，不要轻易亮出自己的底牌，其实，这句话不完全正确。很多时候，要根据具体情况而定，该亮底牌的时候就一定要亮底牌，否则客户会觉得你没诚意。

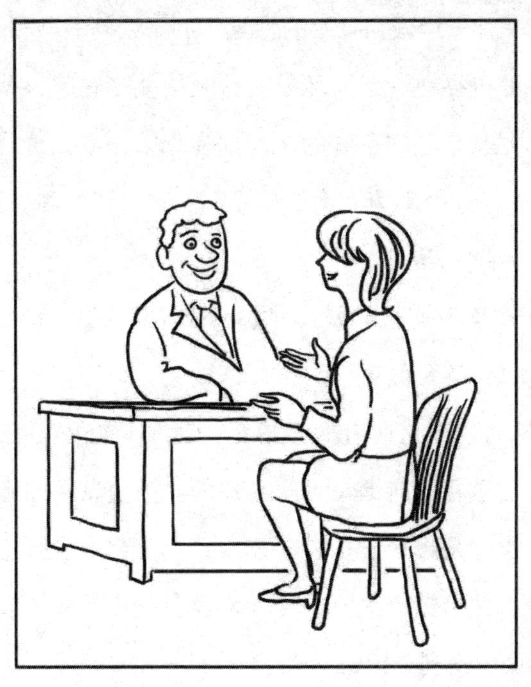

牌要慢慢亮

在与客户的沟通过程中，有些销售员一上来就将自己的情况一五一十地说了出来，其实这样对自己很不利。沟通本是双方面的，销售员可以在沟通中寻求适当的方式，故意向客户暴露自己的弱点，以此来让客户放下戒备。很简单的例子，在价格上，他们会在保证自身利润的前提下适当让步。再比如，双方讨论一个问题，会提出折中方式来解决。当进入到让步阶段的时候，就到了“底牌”亮出来的时候了。

底牌亮得好，就会收获客户人信任，反之，就会让客户觉得你没诚意。使用亮底牌策略有一定的好处，比如：一开始就亮出自己的实底，这样容易感动客户，客户对此也会采取积极措施，快速促成交易。而且，首先让步，会赢得客户的信任，便于更好地沟通。最重要的是，亮底牌通常具有很大的诱惑力，给客户一种“坦诚相见”的感觉，利于谈判的顺利进行。

当然，有好处也存在一定的坏处。一开始就亮底牌，就会让客户觉得还可以讨价还价，尤其是碰到贪婪的客户，在你第一次让价后，他就还会继续砍价。而你如果拒绝了，对方就会产生不满，进入谈判僵局。

亮底牌是要讲究技巧的

当销售员处于劣势或是沟通较为顺畅的时候，亮底牌会起到很好的效果。在亮底牌时需要注意以下几点：

1. 时机要选对。不是所有的事情都是越早越好的，在给客户让步的时候，时机的把握很重要。前提是了解客户的相关信息，并进行有效分析，周全考虑过后，才决定是否让步。过早让步，只会让客户得寸进尺，抬高客户的期望。给客户一种错觉：只要坚持，你还会让步。如果继续轻易让步，地位就会越来越被动，不利于销售。

2. 明确双方关系——共赢。销售员与客户之间，既是需求关系，同时又存在一定的矛盾。销售员要保障自己的利益，而客户都希望以最低的价格买到最好的产品，物美价廉是他们的期望。每个销售员在推销过程中，对自己的产品与服务都有一个心里价格，他们都希望最后成交的价格是自己满意的。可是，过于关注自身利益而不考虑客户真实的需求，注定无法赢得客户的心。因此，在沟通之前就要做好一切准备，精准把握客户的真实需求，然后在自己可以接受的其他问题上适时示弱，便要有效化解矛盾，达成交易。

3. 掌握一定的让步技巧。亮底牌的有效运用可使沟通效果事半功倍。

• 把握最后关头。不要一开始就轻易让步，这样会让自己变得很被动，客户也会步步紧逼。

• 小恩小惠作用大。把握关键问题，为了让客户同意，可以在细枝末节的小问题上适时示弱，让客户感受到你的诚意。小恩小惠可以转移客户的注意力，淡化对其他关键问题的纠缠。

·让客户知道你也是不容易的。在给客户让步的时候，要让客户知道，你的让步是多么不容易与无奈。一种方法是明确告诉客户，一种方法是通过请示上司、拖延时间等方式让客户感受你的艰难。比如，客户提出了某个要求，即便你自己可以做主，也不要爽快答应，可以一点一点地让步。这是非常重要的，把握不好，让步得过于轻松，就会让客户产生怀疑，认为还有更大的让步空间，进而得寸进尺。

轻易让步，或是步步后退，只会助长客户的气势，客户要么觉得你是"小白兔"，很好欺负，要么觉得你不可信，一开始就虚报价格，不然怎么会一降再降？

所以说，亮底牌要亮得恰到好处，才能起到最好的作用。要明白，天下没有免费的午餐，无理由让步只会让客户对产品的价值大打折扣，而且，过早让步也是一种不自信的表现，会让接下来的谈判处于不利地位。

8. 细露信息：趁机给客户透露重要信息

在销售工作中，如何让客户快速接受你的产品呢？这是很多销售员较为苦恼的事。这是个信息爆棚的时代，销售员在介绍产品时，如果还是古板的只知道介绍产品特性，那是无法留住客户的。很多时候，客户要听的并不是这些。在适当的时候，销售员可以透露一些"内部信息"，给客户一定的压力，让客户自己权衡这些信息，进而达到销售的效果。当然，这些信息相对而言必须是很重要的，且外人不知道的真实信息。

一句话让客户不得不买

很多人在买东西时都是随心情的，有时是被销售员的一句话所吸引就购买了。其实，每件产品都有其优点，销售员需要做的就是重复一些重要信息，以此加深客户的印象。

一般来讲，重要信息并不是显而易见的信息，保持一定的神秘感，让客户从信息中读出，你的产品很抢手，不买就会后悔。

一对夫妇去买钻戒，挑来挑去还是没下决心。销售员了解到，他们并非结婚所用，今天是他们结婚五周年纪念日。从两人的穿着、谈吐来看，都是很讲究，却低调的人。此时，销售员推荐了一款不是钻石的对戒。销售员先是为这对夫妇讲了这款对戒的设计理念，女士很感兴趣，试戴了一下。

“这款虽然没有钻石名贵，但也是稀有材料所制成，虽然没有钻石闪耀，却是低调的奢华，很符合两位的身份呢。”女士左看右看，似乎在考虑。

“而且，我告诉您哦，这款对戒是 ××× 大师的封山之作，是全球限量的，我们店里也只有一对，是今天刚刚到的，两位真的很幸运呢……”

女士听完，当即决定购买。

面对潜在客户，销售员没有被动等客户作决定。在为客户做产品介绍的过程中，就应该正确掌握客户的心理，当客户还在犹豫时，就趁机给客户透露重要的信息，让客户不得不买。不过，所透露的信息一定是真实有效的，否则就属于欺骗。

暗示客户：再不买就没有了

有这样一句话：“欲购从速。”那么多人的热衷“双十一”，即便买回来未必有用，却还是趋之若鹜，原因很简单，这样的活动，一年仅一次，不买的话就没有了，这就是所谓的稀缺性。

某售楼部，方先生已经是第三次过来了。

“方先生，我们的楼盘您还没决定吗？”

“不急，我再看看。”

“好吧。您上次看的那套房已经被人预定了哦。”

“是吗，这么快？”客户稍稍有些紧张地说。

“嗯，是的，我今天为您推荐另一款房型吧。”销售员将客户引领到一旁，准备带方先生去看。此时，另一位销售员说：“小陈，你是带客人去 ×× 看吗？那套房昨天已经预定了。”

此时，客户有些坐不住了，问：“你们现在还有多少套房啊？”

销售员小陈说：“方先生，我们的房源真的不多了，二期还没开盘，都有好多人来问了，而且，我告诉您啊……”方先生听完销售员的话，一刻也不耽误，就去交了订金。

生活中，我们都知道，某些东西有很多的时候，我们都不急着去购买，可是，突然只剩下一点的时候，就会去疯抢。犹记得当年的“盐荒”，碘盐在一夕之间被抢购一空。其实，就我国情况而言，盐并不缺，但为什么会有抢购出现呢。就是因为错误的信息导致的，可见，信息对购买者的影响。

就销售而言，只要抓住客户的心理，趁机透露相关的重要信息，客户就会购买。其实，每件产品都有其独特性，只要找到，就是促成交易的重要因素之一。比如，这件产品即将停产，购买就成限量版，有升值空间。再比如，接到通知，活动提前结束，× 点之后将不再受理。这些信息都能在心理上给客户一种紧迫感，让客户做出即时购买的行为。

9. 欲擒故纵：迂回更容易达到目的

三十六计中第十六计便是欲擒故纵，字面上很好理解，就是故意先放开，使其放松戒备，然后捉住。古时，这一计常常被久经沙场的将军所使用。现如今，也有很多人为了满足自己的需求而运用这一技巧。作为销售员，如果正确使用“欲擒故纵”，销售工作将会更加顺利。

采用迂回战术促成交易

王先生因要去外地发展，便准备将现有的住了六年的房子卖掉，到外地后再购置一套房产。于是，王先生不仅在房产中介登记了信息还在报纸上登了信息。没多久就有人要求看房了。

一位看房者看到房子后，表现得一脸嫌弃，不是说房子结构不好，就是说房子厨房太脏，地板也要重新换……总之，这套房子被他说得一文不值。王先生很生气，而一旁的看房者还在挑毛病，王先生终于忍无可忍，心想：不就是想压价吗，我还不卖了呢。王先生没等对方开价便下了逐客令：“不好意思，你走吧，这房子我不卖了。”

过几天又来了一位看房者，与之前那位完全不同，他说：“王先生，您这房子装修得很好呀，还有这卫生间，真干净……”

王先生听了笑着说：“就我和我爱人两个人住，我爱人每天晚上都会把房子打扫一遍，我又不抽烟，所以一直挺干净。”

看房者说：“我说呢，这完全不像住了六年的房子，跟新的一样。说实话，我也看了好多房子了，还有哪个二手房像您家的这么干净呢，有的才住了三四年都脏得不像样了。”

看房者的一席话说得王先生心里很舒服，两人就这样你一句我一句地聊了起来，一切都很顺利，两个签了合同。成交价比王先生预期的少了三万，但王先生并没有介意。

从销售学的角度来讲，很多人都认为，在购买产品时挑得毛病越多，就更利于砍价。显然，第一位看房者就是这样做的。只不过没有把握好方寸，使客户自尊心受到了严重伤害，适得其反。

反观第二位看房者，他一开始便将客户夸赞一番，拉近了彼此距离，最后也得到了自己想要的，他精妙地使用了欲擒故纵的方法。

在谈判过程中，欲擒故纵的作用很明显，通常交易双方都会带着防备心理去看待对方，作为销售员，不要一上来就表露出迫切想要成交的心理，首先要学会观察，精准了解客户的需求，然后故意用“淡漠”的态度对待客户，再激起客户的兴趣，让客户有一种“不买就会很可惜”的感觉，进而达到成交的效果。

步步紧逼，会将客户越逼越远

在销售过程中，常有销售员对客户步步紧逼，进而使客户产生排斥心理，心生厌烦还怎么继续沟通呢？所以说，欲擒就要故纵，先暂时“冷落”客户，消除客户的戒备心，这样更容易“擒”住客户。

一位销售员上门推销产品，他敲开了陈先生家的门，开门的是陈太太，看到推销的产品刚好家里也需要，便让推销员进来了。推销员将产品的详细信息都一一介绍给了客户，在征得客户同意后，还现场进行了操作。陈太太倒是对产品很感兴趣，但陈先生一直坐着并未发言，似乎并不感兴趣。

销售员看出了陈太太的购买意向，但并未趁热打铁，拼命说服，而是反其道而行，他将样品装回了包装盒内，对陈太太抱歉地说：“陈太太，真的很荣幸能为您展示产品，我也非常希望可以为您提供产品，可是，此次我只带了样品过来，或许您也是打算以后再买的吧。”说完就准备收拾离开。然而此时，一直坐着的陈先生急忙问道：“那我们何时才能买到？”销售员说：“真的非常抱歉，确切的发货日期我并不太清楚，但你们放心，如果要发货了，我一定提前通知您。”陈先生接着说：“你有那么多客户要处理，如果到时把我们忘了怎么办？”

客户说完这句话，销售员就知道时机成熟了，于是说：“这样您看行吗，您可以先交一部分钱作为订金，等到公司发货，我就给您送过来。不过需要十天左右，或者更久。”陈先生立马掏了钱。

试想一下，如果销售员当时步步紧逼，急着向客户证明自己的产品，说不定就会收到客户逐客令。“得不到的永远是最好的。”这句话也可以运用到销售员，太容易买到，便不觉得有多宝贵。在销售过程中，总会遇到优柔寡断的客户，即便产品无可挑剔，他们很感兴趣，但总会因为某些因素停下购买的脚步。为了让客户下定决心，不妨故意收拾东西走人，这种做法会帮助客户快速做出购买行为。

第九章

转化你的“不足”
——方圆异议处理技巧

你将在本章学到：

- 如何处理客户异议
- 如何化解客户疑问
- 提升客户满意度

关键词： 异议处理　客户疑问解答
异议类型解析

1. 主观型异议：太极融合处理

销售工作不是一蹴而就的，很多客户在面对推销员的时候会直截了当地说："因为……所以，我不需要这个产品。"他们的主观意识很强。面对这样的客户，销售员可以和客户耍太极。借力使力，让客户无法拒绝。这类客户提出的异议，就好比不倒翁，用力击打，还是会反弹回去。

太极融合处理就是在客户提出某个不愿购买的异议时，销售员马上借力驳回去。比如可以这样说："正是因为这样，才更应该购买。"换句话说，就是借用客户的理由回击客户，进而成为购买的理由。其实在生活中也常常会遇到这样的情况，比如某人说："我心情不好，不想出去。"对方回："正因为心情不好才更应该出去走走……"

充分使用"正因为……更应该……"

太极融合的妙用就在于，能将客户的异议瞬间转化为购买的理由。运用到实际销售中，比如：

"我的收入不高，哪里有钱买保险？"

"正因为您的收入不高，才更需要买保险，多一份保障。说句不好听的，一旦有个意外，如果投了保也不至于负担不起……"

再比如：

"你们在广告上投入那么多钱，还不如将钱省下来，用作我们经销商的折扣上，这样我们的利润也会多一些……”

“正因为我们在广告上投入大量财力，才保证了品牌的熟悉度，这样也为您节省了大笔做广告宣传的费用，同时还为您省下了不少时间。客户主动上门，还能顺带销售其他产品，您的总利润只会增不会减，您说是吗？”

举个例子：

房产销售员小肖从客户的热情度上看出，这位客户不仅有购买能力，也有购买欲望。可是，当小肖提醒客户签单时，客户却直摇头：“唉，这房价疯涨，上个月看的时候，每平方米比你这要低1000多元呢，你说……”

听了客户的话，小肖心里有了大概了解，他微笑地说：“您说得一点都没错，可正因为房价涨得这么厉害，才更要尽早买呀，您想想看，且不说这座城市，放眼全国，您说说哪座城市的房价降过？我们先不说房子，就说这物价，以前一块钱能买一大把青菜，还特新鲜，现在呢？三块钱能买一小把就不错了，就这几块几毛的涨还心疼呢，何况是房价呢……这也是为什么要尽快下决定购买的原因。您现在买本来可以买100平方米，可再等一年、两年，说不定连50平方米都买不到了……您再看看这地理位置，以后发展前景可观，地铁都会开通，有很大的升值空间……即便以后想转手也是一笔可观的收入……”

销售员这样说，客户买的可能性非常大。案例中，客户以“房价涨得太快”为由提出异议，销售员的太极融合处理非常到位，他灌输给客户一个概念：“正因为房价涨得快，才要尽早下手，越等越买不起。”而且，销售员也让客户有了紧迫感，他说的“本来可以买100平方米，可再等一年、两年，说不定连50平方米都买不到了……”这让客户意识到，再犹豫的话手里买房的钱就会缩水。

与客户打太极需要注意的是趁热打铁，让客户从心理上产生共鸣。以“涨”和“钱”作文章，以物价上涨进行比较，让客户迫切地想买。这样一来，客户之前提出的不买的理由反而成为了购买理由。原因就在于物价在涨，房价也在涨。如果现在买不起，将来更加买不起，尽早下手，便能抢占先机。

攻克客户的心理障碍

面对主观型异议的客户，使用太极法是最有效的，既正面客户提出的异议，又可以化解矛盾。将消极的局面转化过来，客户的心理障碍也随之攻破，交易也变得顺其自然。

不过在使用太极法的过程中，需要注意以下几点：

1. 礼仪。在说话时讲究语气、语调，不要伤害客户的自尊、情感，在此基础上转化矛盾。

2. 情绪。不要过于急迫地去解释，在转化过程中，要时刻观察客户的情绪反应。转化不当时，事情会向反方向发展，且更改的机会不大。

3. 谨慎。说话一定要谨慎，哪怕是小小的谎言也不能说，你的逞一时之快，或许会带来更大的麻烦。

4. 方式。很多时候，客户提出的异议难以让人接受，可是，不管如何荒唐，如何站不住脚，作为销售员也不能表现出不屑一顾、嘲讽的态度。反之，要从侧面去了解，进而疏导客户，逐渐让客户意识到自己错了。

2. 需求型异议：综合统一解决

在购买过程中，客户会提出异议是必然的。在推销过程中，客户的意见也会如影随形，客户的异议有时也会令销售员手足无措，心情欠佳。可无论如何，只要敢于直面客户的异议，掌握一定的技巧，就可以处理好异议。

在推销过程中，客户的异议就是一道屏障，越过去了交易也就达成了。当然，提出异议是客户的权利，遭遇异议也并非什么可怕的事，关键在于如何处理。很多时候，客户提出的异议并不是一个、两个，他们会继继续续提出多个异议。面对此情况，销售员需要做的就是综合统一,一并解决。

集中意见，省时省力

面对需求型异议的客户，如果一个一个排除异议会随着解释的深入，滋生出新的异议，当你在一个问题上与客户过多纠缠时，客户会衍生出更多的反对意见，让原本简单的问题复杂化。

遇到这种情况，最好的解决办法就是集中意见，统一进行讨论解答，省时省力，最重要的尽可能避免或是减少与客户之间的冲突。

一位客户拿着一款包包对着销售人员说：“皮质是好看，可用久了就容易磨损，你这是什么材料……”

销售人员还没有开口回答，客户接着说：“时间久了包包会不会就变形？”

“这个扣环会不会用着用着就会褪色？我以前用过类似的包包，没几天，扣环就开始发黑……”

“这个颜色会不会慢慢变暗？”

客户没一会儿工夫提出了一大堆问题，销售员始终面带微笑，进而解释说：“您刚刚所提出的问题都是大多数客户都十分关注的质量问题，我现在为您作一个特别说明，一定让您用着放心。我们这款包包采用的是鳄鱼皮制造，您仔细看，有明显的皮纹，闻着有独特的皮味……另外，它的设计非常合理，不会出现变形的情况……”

案例中，销售员很好地运用了意见合并的处理方法。在为客户介绍产品的过程中，当客户提出多个异议，且这些异议有一定的承接性，销售员尽可能耐心听客户讲，当客户将所有想到的异议阐述完时，你再将这些异议快速疏理，整合划一，统一解决。就像案例中的销售员一样，客户就包包的皮质、扣环、颜色等方面提出了异议，销售员可将这些异议统一归为“质量问题”，这样便于着重介绍自身产品的优势，一连串的问题就这样轻而易举地解决了。

客户在乎的是如何解决问题

每个人对于既得的利益都有不满足感，不时涌现出新的关注点，他们认为，所关注的问题会为他们带来利益。这也是为何客户在购买过程中会提出很多异议的原因，就好比，他购买你的产品，他能从中获取某种利益，可是，他却注意到远处还有更大的利益，所以，他会另提出一些问题。

特德·莱维特曾说：“客户真正购买的不是商品，而是解决问题的办法。”在购买过程中，会遇到各种各样的问题，当客户对产品提出异议时，如果你完美地解决了，即便产品有小小的瑕疵，客户也不会在意的。因此，即便客户提出再多的异议，也要耐心地为其解决。在合并意见的时候，销售员需要注意以下两个方面：

1. 见机行事。任何技巧都不是死的，有时则需要视当时情况而定。比如说，客户提出一个问题后便停顿下来，示意你解答，如果一味遵循着“综合统一”原则，对此充耳不闻，就会让客户觉得你不尊重他。此时就需要见机行事，放弃或是选择适当的时机再用综合统一法。

2. 忌在一个问题上纠缠不清。人的思维具有一定的连带性，在处理问题时，如果一个意见处理欠妥，让客户明显觉得被忽视或被忽悠时，就会派生出更多的反对意见。就此情况，销售员就要有技巧的转移话题，让客户的注意力集中到其他地方。

3. 权利型异议：询问引导处理

很多人潜意识里对推销都有一种抵触心理，面对客户的拒绝，如果没有好的心态，是很难应对的，况且人人都有拒绝被销售的权利，面对不喜欢的推销，情绪会有一定起伏纯属正常。

客户提出异议的出发点有所不同，当对异议的类型、性质不好分辨时，切忌妄自揣测。此时，可以主动询问，明确客户真正的异议，进而引导，这样在处理时才能有针对性地消除客户的异议。

在反驳客户的异议时，不要过于直白，可以用询问的方式，幽默地表达自己的看法。在给客户选择权的同时，也得到了充分尊重。

您也不希望……

客户在要求打折或是其他利益时，都是站在自身立场上，如果你用询问的语气，巧妙让客户知道，价格上的打折会失去更重要的东西。比如：

客户说："产品我很满意，就是这价格，我希望可以再打个折。"

销售员说："如果我希望您允许我在服务上打个折，我想您一定不同意的，是吗？"

这样询问的语气，既不会让客户觉得尴尬，又可以让客户对自己提出的异议进行思考，考量是否放弃坚持。

复印机推销员拜访一位经销商，销售员问好之后便开始就产品进行解说。简单的讲解之后，客户开口说话了："听你刚才说的，这款复印机并没什么竞争优势，还不如 ×× 品牌的……"

销售员急忙解释："不可能，我们这款复印机一经上市销量一直很好，大多数客户都很喜欢这一款。"

客户说：“难不成我还骗你？你刚才说你们的复印机一分钟可以复印20张，其他品牌的可以复印25张。你的控制浓淡的键只有3个，而人家的有6个……”

销售员说：“您说的这些在操作时会非常困难，到时您就会知道有多复杂了，根本无法与我们产品简单易操作相比。”

客户说：“功能少却说简单易操作，人家的功能强大却说复杂。”

销售员辩解说：“您将我的意思理解错了，我真没那个意思。您看我们这款产品的性价比是很高的，价格与市场上同类产品相比是很低的，您的利润也会相对高些。”

客户说：“便宜没好货。”

销售员说：“话可不能这样说，我们的产品……”

客户打断销售员的话：“好了，好了，我还有事，就谈到这里吧，我真的不需要你的产品。”

销售员在面对客户的异议时，反驳意味过于明显，让客户有种不被信任和尊重的感觉。比如：

“不可能……”这就让客户觉得不被信任和认可。

“操作非常困难……”暗示客户能力不足，怀疑其接受能力。

“您将我的意思理解错了……”对客户的理解力提出了质疑，给客户一种故意唱反调，有针对之意。

“话可不能这样说……”再一次明确表示客户错了，客户会毫不犹豫拒绝也不足为奇。

在整个销售过程中，销售员一再质疑客户，进而从最初的讨论产品质量上升到了客户力争自己的购买权利，这让客户有一种购买权利被抢的感觉。

如果语言委婉一些，说不定结局就不是这样了。

比如在客户提出异议后，可以用询问的语气："这样啊，可否请问您，感觉哪个功能比不上别的品牌呢？"

当客户说出品牌，并拿操作来说事，你可以用自身产品易操作来突显优势，用询问的语气："行家就是不一样，如此复杂的操作流程都难不倒您，不过，话说回来，复印机在公司里的使用并非专人负责，且是公共使用品，按键过多，操作过于复杂，一些员工就会一时难以把握，会出现误印等现象，造成浪费。您再看看我们这款产品，3个按键，非常方便，而且效果可以满足所有公司的要求……"

询问式的语气更容易让客户接受，即便是反驳也会显得很柔和。

让询问发挥价值

面对客户提出的异议，销售员适时询问引导，客户肯定会回答自己为何会反对，进而将内心真实的想法表述出来。在这个期间，客户也会对自己提出的异议进行检讨。就销售员而言，可以转化矛盾，同时进一步了解客户的想法，找到解决异议的方法。在询问过程中需要注意以下内容：

1. 问清缘由。面对不是很明确的异议，切不可妄自猜测，可以询问，以得到明确的信息，这样处理起来更有针对性。

2. 问客户的意见。即便客户的异议是错误的，也不能过于直白地用正确的理论说服，这样会让客户心生抵触。反之，如果用询问的口气表达自己的见解，客户会容易接受。如"您觉得呢？""您认为如何？"等，既维护了客户的尊严，也给予了客户充分的购买权利，让客户觉得是自己在做主。

3. 巧用反问。一般用于应对客户提问，当被问到自身弱项时，可以使用。如客户问到某种产品，正好没有，就可以反问客户。比如：客户要某件产品，想要红色的，但你没有。就可以这样回答：“不好意思，这款没有红色的，但有黑色、银色、蓝色……您看您喜欢哪一种颜色，我拿给您看。”

4. 财力型异议：迂回战术处理

财力型异议，顾名思义就是关于钱财上存在的异议。一般来讲，是客户觉得自己没有足够的财力购买产品。常见的异议有：

“真的太贵了。”

“这个我恐怕负担不起。”

“我现在手上现金不多。”

“价格比我想象中的要高很多，资金上恐怕存在一些困难……”

……

这样的异议，很多销售员都不会陌生。面对这样的异议，采取迂回战术，可以达到事半功倍的效果。

每一种异议都是有原因的

作为客户说能力不足，嫌产品太贵，是较为常用的借口，一般情况下，客户这样说有两种情况，一种是对产品真的不感兴趣，委婉拒绝。一种是说的是真的，的确没有能力支付。

面对这种情况，销售员直接放弃或是直白驳回都是不妥的。站在客户角度看，可以先表示对客户异议的认同，再迂回提出自己的看法。这一过程迂回转折非常重要。

迂回战术的作用在于，销售员就相关事实与依据间接处理客户的异议。迂回战术首先就是承认客户的意见，让客户放松下来，然后再提出自己的意见。

比如一位客户说："这服装的款式早就过时了。"推销员接着说："您眼光确实独到，这种款式在几年前风靡一时……不过，您也清楚，服装这一行业，流行是轮回的，最近吹起了复古风，这种款式大有回潮之势……"这样的回答既给足了客户面子，又将客户的异议巧妙驳了回去。

再比如，在与客户经过一番交谈后，客户对产品本身已没有异议了，在销售员看来，只差临门一脚了，可客户却为难地说："产品我确实挺喜欢的，但让我一下子拿这么多钱出来，恐怕有些……"

销售员听完，上前说："确实，一下子拿这么多钱出来很不容易，我也遇到过像您情况一样的客户。对此，我们制定了应对措施，您可以选择分期付款，当然首期付得越多，后面分摊得就越少，这个您可以自行选择，不过首期付得多相对划得来些。这种方法在我们这里相当流行，很多使用过的客户都说毫无压力，您觉得呢？"

客户听后说："分期付款确实不错，那就这样，办手续吧。"

很多时候，销售都是在临门一脚时出现差错。很多客户都是如此，在接近尾声时提出异议，如果你跨过去了，交易便成功。每个人不管是有理还是没理都不喜欢被反驳，尤其是脾气不太好的人，甚至会因此恼羞成怒。对于销售员来讲，一定不可毫无顾忌地说自己是对的。采取迂回战术就是最好的处理方法，既可以安抚客户的情绪，又将自己的想法明确表达了出来。

灵活转换，完成销售

销售员面对客户就价格提出的异议，通常会感到畏惧，特别是交易额较大的时候，他们会小心翼翼，生怕丢了单子。在采取迂回战术时，需要灵活转换，不然就会起到反效果，徒增烦恼。那么，需要注意的细节有哪些呢？

1. 判定财力真假。有时候客户为了压价，便会说“财力不支”、“无法负担”等，以此来与销售打心理战，希望可以让销售为了达成交易而一再让价。所以，要正确判断客户的财力，如果发现只是借口，那么，便着重传递产品价值，要先认同再传递。

如果是真的财力不支，那么，就没有必要继续在同一产品及价位上沟通。那么如何判定是真是假呢？

• 言谈举止。一个人的言谈举止可以反映出一个人的修养、品位，观察客户的职业性质，以此来判断客户的收入情况。

• 索要名片。巧妙索要客户的名片，名片上透露的信息，如名片质量、客户职业、行业类别等，都可以成为判断客户财力的来源。

• 聊天。聊天可以让客户处于一个较为放松的状态，从谈话中可以获取一些信息，从而判定客户的收入水平。

2. 迂回战术最重要的是有一个良好的洽谈气氛。

3. 不要直接使用“是的……但是……”，这样的表述有些生硬，要尽可能少用“但是”。

5. 批评型异议：反驳辩证处理

每个人对产品的要求都不同，在销售过程中，常常会遇到客户异议，很多还是以批评为主。客户会就产品价格、质量、性能等，提出批评意见。批评型异议的表现多是诋毁产品；在不了解的情况下说一些有损产品形象的话；观点过于片面，与产品本质相去甚远。面对批评型异议，最好的处理方法就是反驳辩证，以此来维护产品形象，让产品在客户心中的错误理念得以纠正。

当客户质疑企业诚信时，或是怀疑服务，亦或者引用不正确的资料时这些都可以进行直接反驳。其实，当客户提出这样的异议时，要想成交几乎不可能。试想一下，明知道产品“有问题”，谁还会去购买？所以，当产品及企业的本质遭到怀疑时，销售员可以直接反驳。

别让错误的信息误导客户

某品牌冰箱的推销员，在为客户做完说明后，客户有些犹豫地说：“我听说你们这个品牌售后服务特别差，电话叫修总是拖拖拉拉，口气也不善……”

听了客户的话，销售员马上说：“女士，这绝对是个误解。我不知道您是从哪里听来的信息，但我们公司是非常重视售后服务的。如果是您的朋友或是亲戚曾遇到过这样的问题，那么，我深表遗憾，我相信这只是个个案。当然，并不排除个别问题员工，但概率极小。我们公司为了使服务更优，专门设立了总部投诉电话，一旦被投诉，公司会严肃处理的。”

客户迟疑地问：“是吗，我怎么不知道还有这么一个电话？”

销售员紧接着说：“是真的，我们在为客户办理保修卡的同时会特别注明售后服务电话及投诉电话。您说的服务问题也可以完全放心，我们是以‘客户至上，服务第一’为经营理念的。我们在全国各省市都设有很多维修点，保证客户出现问题可以及时为客户服务。”

客户若有所思地说：“听上去确实挺好的……”

面对客户的批评异议，案例中的销售员直接进行了反驳，首先否定客户的意见，进而用事实证明，让客户不正确的观点得以更正。

或许很多人会说直接反驳过于直白，客户很难接受，有点理智的销售员都会避免这么不明智的选择，因为这样做不但容易激怒客户，还会让客户感到自己不受尊重。其实，问题是需要区别对待的，有时候直接反驳反而能促进销售。就如案例中的销售员一样，当他听到客户一系列不正确的异议时，会直截了当地反驳客户“这绝对是个误解”。这样做达到的效果非同一般，用“绝对”这个词让语气更加肯定，增加客户对服务的信心。这样做还表现出销售员对产品及企业的自信，以专业、自信的形象感染客户，对销售员及企业产生一定好感。最后纠正意见，将正确的产品价值传递给客户，最终达成交易。

在销售中，客户喜欢以偏概全，常常用“听说”来表达自己的异议，其实这些都是没有根据的，使用反驳辩证的方法扭转客户的看法是最佳的。

反驳需知

当客户说：“现在很多企业都不讲究诚信，合同上写得好好的，却不按合同行事，你们企业也不例外。”

销售员直接反驳：“您这完全是以偏概全，我们的客户从未这样说过，从信息反馈中也获知，对我们的企业评价很好。我们企业绝对不存在您说的那些情况，如果果真如此，您可否举个例子，我们会参考酌情处理……”

面对这样的情况，客户肯定会举例。当客户举例，所说的情况存在，那么需及时与上级联系，找到解决的办法。如果只是客户道听途说，那么，客户就会含糊其词，自找台阶，此时，销售员可以伸出援手，给客户一个台阶，借机传递正确观点。

再比如说：“我听说你们公司的产品经常出现小毛病……”

销售员可以说：“我不知道您是在哪里听说的，当然，我非常理解您的担心……”

在接下来的谈话中侧重于产品的介绍及服务优势的体现，以此来消除客户的误会。

不过在使用直接反驳的方法时需要注意以下几点：

1. 肯定语气，但控制好音量及情绪。

2. 措辞恰当，如嘲笑客户的智商、容易产生误解的话等，这些千万不可出现。

3. 态度诚恳，给客户一种对事不对人的感觉，客户会觉得轻松很多。

4. 微笑面对，用良好服务态度及修养去感染客户。

5. 过于刻板的客户避免使用直接反驳辩证。

6. 客观型异议：以优补劣处理

有时候客户提出的异议确实是真实存在的，此时，销售员切不可回避或是直接否定。那么，如何平衡客户的心理呢？最为明智的处理方法就是肯定缺点、淡化处理，利用优点补偿甚至是抵消缺点。

让客户心理得到平衡

客户说："这款手表无论是设计，还是颜色都十分抢眼，真的很不错，只是表带的皮质不是最好的，有点遗憾。"

销售员说："您果然好眼力，这款手表所选用的皮质确实不是最好的，主要是考虑到成本与消费人群，如果选用最好的皮质，价格恐怕就要翻几倍了，这就是缩小消费人群。"

客户点头说道："确实，一分价钱一分货。"

销售员说："很感谢您的理解，不过您放心，我们并不会为了降低成本而降低对产品质量的要求。这个皮质虽不是最好的，但就市场而言，也是中高端选材了，非常耐用，毕竟我们公司是将品质放在首位的。"

这一案例的处理方法就是以优补劣。案例中，手表的皮质不是最好的，这是一件真实存在的情况，刻意回避会让客户反感，以价格上的优势补足则会让客户心理平衡。

不要认为客户是外行，很多时候客户都是身藏不露的，案例中的客户是如此，一看便是"行家"，一眼就看出了皮质。所以，提出的异议也通常有事实依据。面对这种情况，如客户所言确实如此，那大方承认则为明智之举。

一个人心里有了缺憾，就要想办法去填补。就案例中的客户而言，“皮质不是最好的”让其心里有了缺憾，此时销售员用价格低来弥补，让客户觉得产品价格与质量是成正比的，给客户一种感觉：产品缺点并没有那么重要，价格的优势才重要。

再比如：客户觉得某公司手续费与其他公司相比过高了。

此时可以先认同，可以说：“的确，我们公司的手续费确实比一些公司要高。既然您能看到这一点，说明您也是个精明的人，那应该也明白‘一分价钱一分货’的道理。我们公司为客户提供的服务标准是同行业中最好的，因此手续费相对高些。您想一下，服务水平高就会有更大的收益，与那些手续费相比，您觉得哪个更重要？服务差单子就容易毁了，这可不是一点手续费可以弥补的。做这一行最重要的就是服务品质，可别因一点手续费就失了大局。”面对这样的处理方法，客户不点头很难，即便手续费高也趋之若鹜。

告诉客户，世界上没有十全十美的产品

随着科技的进步，时代的发展，新事物取代旧事物是理所当然，也就是说，产品并没有十全十美的，要完全满足人们的需求是不可能的。打个比方，产品很完美，可是，一看价格，心中难免有顾虑。对于客户来说，每一次的购买都希望是完美的，物超所值的，优点越多越好，这其中包括价格、质量、服务……

可是，总会有顾此失彼的时候，因此，客户会有异议很正常。当客户提出了异议，尤其这个异议还是事实时，一定不要急着去辩解、否认，这是极为不明智的选择。

一个优秀的销售员会从产品优势入手，补足缺陷。比如说汽车销售，客户其他地方都满意，就是嫌车身有些短，此时，销售员就可以从停车位的优势入手。如可以这样说：“您说得没错，这款车的车身设计确实有些短，可您看现在停车位这么紧缺，别的车只能选择大型停车位，花费也高，而这款……”以优补劣，可以化解客户心理上的不平衡，达到销售效果。

7. 抱怨型异议：忽视凸优处理

一般来讲，销售员除了要认真聆听客户的话以外，也要认真解答客户的疑问。可是，在面对一些特殊情况时，可以选择忽视。比如说，客户的问题并非想要得到解决。再比如说，客户所说的内容与交易没有关系。这类客户大多只是随口抱怨，如果无关紧要，此刻销售员无须与客户较真，忽视即可。有时候不要把客户的话想得太认真，事实上，很多话只是发发牢骚，并不一定就是那么回事。比如说客户买衣服，试穿了几件后，不知道如何选择，就说：“这件显得太古板了，这件颜色太艳了……”这其实并非是客户对衣服的挑剔，他只是在考虑如何选择罢了。

不过，需要注意的是，忽视不要过于直白，否则客户会认为你不尊重他。微笑面对，礼貌倾听。

适度忽视，让客户发泄完

某杂志社拉广告商，约见一位客户，销售员拿着策划方案向客户说明：“张总，您好，我是 ×× 杂志社的，我们准备做一期……”

销售员还没有说完，客户抢话说：“哦，原来是 ×× 杂志社啊，听说你们公司搬家了？前段时期的销量似乎不太好啊……还有，你们公司现在很缺钱吗？怎么策划方案用这么廉价的纸，还有，这毕竟是做有关时尚的杂志，这衣着品位嘛，有待提高……”

面对客户一连串的问题，销售员并没有急于回应，始终保持微笑，客户停了下来，销售员接着说：“张总，这是我们给贵公司计算的一笔投资收益表……”

客户翻看着报告，嘴上一边说着：“你们杂志的人物访谈不能只请一些小明星，可以请一些名气大点的明星，这样还能促进销量，销量大了，我们投进去的广告才有人看不是吗……”

销售员依然微笑着说：“是……”接着又开始介绍，“这一期我们以 ×× 为主题，我们正处于改版期，上一期的反响很好……”

案例中的销售员面对客户的“抱怨”选择了适度忽视，这些问题如果深入探讨就会偏离主题，也可以说是在浪费时间。此次销售的重心在于让客户投钱做广告，而不是公司搬家、衣着品位这些无关紧要的事。此时，选择忽视，既满足了客户的表现欲，又可以引导客户进入有关产品的话题。

不要急着去打断客户

有些销售员之所以失败，很大程度上是因为过于在意客户的异议。客户一有问题就马不停歇去处理，这样很容易失去主动权，也很容易跑题。

有时候，客户提出的异议并不会影响成交，此时，销售员就不要过于较真，选择忽视。一般忽视的表现除了语言还有行为，如微笑点头，说“是”、“的确”等。

这些表现过后，便接着介绍产品，这里发挥的是聆听的作用。从心理学角度分析，听的思考速度是说的思考速度的五倍，所以，在销售过程中，听更有利于自己。销售员完全可以利用客户说的过程，认真思考，进而准确判断客户的真实需求，以便及时调整销售方案。

当然，忽视法一定要把握好一个度，如果遇到敏感的客户，你的不理睬就会被理解为不尊重，会引起客户反感。所以，在听的同时要注意察言观色，销售过程没有特定的技巧，需要随机应变，而且，客户的性格不是从三言两语中就能了解透彻的，所以，学会策略转换，促成交易的概率则更大。

8. 沉默型异议：演示诱导处理

在销售过程中，会遇到行行色色的客户，有的客户很容易相处，有的客户则会故意刁难。当遇到沉默型客户，你要如何处理？沉默型客户在整个购买过程中，常常沉默不语，给人一种很冷漠的感觉。

可是，不要被客户沉默的外表所蒙蔽，他们有时虽然沉默，但态度还不错。面对这样的客户，你也可以适时沉默，用演示的方式来处理，俗语说：“百闻不如一见。”一次完美的演示有时胜过你的千言万语。面对沉默型客户的异议，最好的处理办法就是演示诱导。

感同身受，胜过千言万语

很多销售员在面对沉默型的客户时都有些束手无策，说得口干舌燥，可客户还是一副云淡风轻的样子。即便把产品说得天花乱坠，他们依然不愠不火沉思在自己的世界里。此时，还不如让客户亲自体验一下产品，这并非是一件坏事，让客户更加直观地了解产品的优点与特色。客户的切身感受是最好的推销方法，不仅拉近了与客户的距离，还能让客户放心地购买。

小程在一家服装店工作，衣服适不适合，只有穿在身上才能看出效果。

因此，小程面对客户都会主动说，让客户试穿一下。

一天，小程接待了一位女士，女士在店里逛了有十多分钟，最后，在一件衣服前停了下来。小程面带微笑地说："您眼光真好，这件衣服是昨天刚上的新款，和您的气质也很配，这样看是没有效果的，我建议您可以试穿一下，这边有试衣间。"尽管小程的态度很真诚，但客户依然是自顾自的看衣服，没有要试穿的意思。小程接着说："每件衣服上身效果都是不一样的，我说得再好，您不试一下还是看不出效果。试过后觉得不合适，不买也没关系。这边是试衣间，请跟我来。"最后，客户跟着小程来到了试衣间，客户站在镜子面前，看着穿上新衣的自己，正面看，反面看，小程适时说："真的很好看，与您的气质很相配。"客户很爽快地买下了这件衣服。

通过演示，客户可以更加直观地感受产品，演示起到的作用是无法代替的。

1. 眼见为实。通过演示可以达到一种"耳听为虚，眼见为实"的效果，刚开始时，客户是无法相信销售员的，可是，他们却坚信自己所看到的。比如一个推销保险柜的销售员，他将一万元放入保险柜，然后对客户说，不管用什么方法，只要能打开保险柜，钱就归他。客户想了各种办法，可保险柜依然打不开。因此，客户对于保险柜的安全性深信不疑。

2. 加深印象。演示的过程，一般客户都会愿意花时间去感受，此时，销售员就可以有逻辑、有重点地对产品的特性和利益进行说明。

3. 增加兴趣。演示可以增加推销的趣味性，不至于因为枯燥让客户反感。当你的产品"动"起来，客户的购买兴趣也会被激发。

单调的介绍就如同背书一样，让客户索然无味，通过演示，让产品变得生动，更加形象，客户就会因为感兴趣而购买。

让客户与产品亲密接触

在推销的过程中要时刻关注客户的细微反应，以此揣摩客户的心思，引导客户去体验产品，有助于达成销售。当然，面对沉默型的客户，他们可能不会马上答应体验，这就需要销售员循循善诱，告诉客户体验的理由，说服过程需自然，不要让客户有被强迫的感觉。

让客户与产品亲密接触，这对于销售非常有利。在加深客户对产品认知的基础上，还能从侧面有力证明产品的质量，使推销更顺利。不过，只是体验并不能达到效果，销售员要注意观察客户体验的反应，适时询问，这样可以让客户感受到你的真诚。

小夏是一名推销员，此时正在为一种新型打印纸而奔波，很多公司都直截了当地说："不需要。"小夏已经不记得这是第几家公司了，他觉得他该想想其他办法了。小夏走进客户的办公室，寒暄过后，直接对客户说："张经理，能借用一下您的打印机吗？"客户有些意外，但还是说："没问题。"

小夏得到允许，拿着自己带来的打印纸放到打印机里，然后在电脑里输入一行字：用普通打印纸，您可以打出这么清晰的字吗？

发出打印指令后，小夏便将打印出来的纸张拿给张经理看，让其做一个对比。客户认真做了对比，确实比一般打印纸要清晰。张经理不停夸赞，最后爽快地签下了订单。

后来，小夏用这个办法不仅说服了之前拒绝过他的公司，也为他今后的推销指明了道路。

演示并不是将产品展现在客户面前就可以了，也不是就产品的特性进行说明，最主要的还是要激发客户的购买欲。只有演示过程具有趣味性，这样才能吸引客户，在配合演示时，尽量避免过多使用专业术语，让客户更直观、清晰、快捷地了解产品。当然，演示并非是销售员的独角戏，即便是沉默型的客户，语言很少，在这个过程中，一定要观察客户的反应，让客户参与其中，只有亲身体验过，才能增加信任感，从而催动客户的购买决策。

对待沉默型客户，最好的办法就是让其与产品亲密接触，以此诱导客户，变被动为主动，促进销售。

第十章

赢得“我愿意”

——快速绝对成交技巧

你将在本章学到：

- 如何邀约成交
- 如何催单
- 绝对成交策略运用

关键词：成交　催单

1. 选择成交术：二选一策略

没有人喜欢被强迫，尤其是客户。作为销售员如果将自己的意愿强加给客户便会引起客户的不满，交易也会随之破灭。在销售过程中，销售员最郁闷的就是碰到犹豫不决的客户，很多时候都是到了最后成交阶段，客户却以各种理由选择了放弃。面对这种情况，经验不足的销售员往往心绪难平却又无可奈何。

所以说，销售技巧很重要，掌握快速成交法，会让犹豫不决的客户立刻下决定购买。试想一种场景，当你要求对方在两个方案中做出选择时，他们通常会选择其中一种。只有在极其少数的情况下，才会有人说两者都不合适。这就是二选一策略，客户面对你限定的选项，往往会选择其中一项。

“要不要”和“要哪一个”

很多客户挑选产品，经过销售员介绍后，都会对产品产生一定的兴趣，可还会因为某种原因无法下决心购买。通常有经验的销售员就会在此时乘机用“要哪一个”的技巧来询问，这种二选一的策略往往能达到意想不到的效果，可以快速达成交易。比如“您决定购买的话，是使用 ×× 还是 ××？”几乎所有的客户都会做出选择，此时，销售员就可以利用几个快速的选择性的问题达成这笔交易。

一位女士在商场买衣服，看来看去，难以下决定。在销售员的鼓励下，试穿了几件看中的衣服，最后在两件衣服间徘徊不定。此时，销售员说：“这件黑色的衣服是大众款，较为稳妥些。这件绿色的衣服现代感强，给人眼前一亮的感觉，如果您想改变一下风格的话倒是可以试试，而且今年流行绿色，与您年纪相仿的人都喜欢。"

客户打量着手中的衣服，销售员接着说："黑色任何时候穿都可以，趁着年轻张扬一下也无妨。您看是黑色还是绿色？"

客户将手中那件绿色衣服递给销售员。

对于衣服的喜好，每个人的观点都不同，通常给客户设定选择范围时，要先确定客户的成交信号，然后让客户的选择范围控制在两三种以内，如果多了更容易让客户举棋不定，不利于销售。

人生无时不刻不在面临选择，比如早餐吃什么？上班乘什么交通工具？去哪儿上班？选择多了，便会感到紧张、焦虑。任何人都会面临选择，即便是领导人也是如此。我们都知道选择很难，但其实原因无非是：都想要，哪个都不愿放弃；自己也不清楚自己想要什么；怕选择之后会后悔；选择出错，不敢轻易再选择；选择依据不够充分……

作为一名优秀的销售员只有了解客户的心理，便能快速成交。销售中，并非只有大生意才用得到技巧，比如最简单的早餐，因为问话的不同，相隔不远的两家早餐店生意却相去甚远。生意不好的早餐店老板，在递给客户早餐的时候会问："要不要豆浆？"一般客户都会习惯性回答："不要。"反观生意好的那家早餐店，老板会问："是要豆浆还是绿豆汤？"一般客户都会从中选择一种购买。所以到最后，生意不好的那家总是会剩下很多豆浆或是绿豆汤。

走出"选择"误区

二选一策略在销售中很实用，但在实际应用中，还是有很多销售员会错误使用“二选一”策略。

面对客户，不同销售员的询问会有不同的结果。

A：“根据您的需求我给您制订了两个方案，一个是……一个是……”

B：“您的想法我大概明白了，我现在有两个方案，一个是……这样可以让您的个性更为突出，体现独特性；一个是……这样可以让线条更柔和，体现您的柔美、温和，更有女人味，您更喜欢哪一种呢？”

如果你是客户，面对销售员的两种询问，你更愿意听谁的？A销售员也运用了二选一策略，可是给人一种很强硬的感觉，而且客户根本不知道选择后可以达到怎样的效果，通常会回绝。B销售员在推荐方案时将客户可以得到什么样的效果形容了出来，引导客户自己对比选择。

选择成交法通常在促成交易阶段使用，当客户发出了成交信号，但迟迟不签单时，就可以使用。如“您是要这款白色还是银灰色呢？”或“您看是周四将电视给您送过去呢，还是周五？”字面上看，主动权在客户，实则销售员掌握着主动权。要知道，不管客户选择哪种答案，都是你赢。这样询问很好避免了“要不要买”的问题，客户也没有了拒绝的机会，在销售员设定的范围内选择。不过，值得注意的是，在使用选择成交法时，态度一定要婉转、谦和，让客户觉得放松，这样才能达到应有的效果。

2. 机会成交术：逼单策略

对于越是得不到、买不到的东西，人们越是想得到它。在销售中，也常常会运用客户的这种心理来达成交易。很多销售员会利用客户的这种心理来快速拿到订单。这就是所谓的机会成交术，也可以叫“最后的机会”成交术。简单来讲，就是销售员提醒或是暗示客户，这款产品即将售罄或是活动即将结束等，让客户产生“怕买不到”的心理，从而使客户立即购买。

机会成交术让客户更加果断

很少能碰到果断的客户，尤其是大批量购买时，客户总是会犹犹豫豫的。可是，在最后的机会面前，客户通常会变得很果断。使用机会成交术，通常有两种情况，一种是产品库存有限。一种是时间限制，多长时间后就买不到了。

比如销售员说：“王女士，我们的存货已经不多了，今年也不再备货了，您买的话就要趁早。”

再比如销售员说：“这是我们周年庆活动的最后一天，明天就恢复原价，到时您就要多付出20%的代价才能拿到产品了，您愿意错过这次机会吗？”

再比如，客户提出再拿出一件产品出来。

销售员可以说：“真的很抱歉，林先生，这已经是最后一件，这款产品非常畅销，您再不下决定，下午说不定就没有了。”

机会成交术总体来讲就是把握两个方向，数量与时间。让客户知道产品不多，机会难得，引起客户兴趣，便会立即购买。

有效运用机会成交术

机会成交术就是给客户一种紧俏法，暗示客户“过了这个村，就没有这个店了。”客户欲购需从速。

机会成交术的合理运用在说服客户时有很强的感染力，一系列的心理反应会产生连锁成交效应，快速促成交易。而且，这一方法很好地限制了客户的成交内容与条件，占据主动权，让客户可以立即购买自己所推荐的产品。机会成交术的巧妙运用会使客户产生一定的心理压力，生怕错过机会，便会主动要求成交。最重要的是，这一方法可以成功吸引客户的注意力。

不过，机会成交术也存在一定的缺点，比如说，运用不当会让客户占据主动权，不利于销售。机会成交术的滥用会失去客户的信任，对客户说是最后一件，可是存货却有很多。还有的喊着“最后一天”，可等客户买完后，第二天看到又是“最后一天”。这就让客户有一种被欺骗的感觉，不利于长期经营。还有，如果过分限制客户的购买方式或是条件，会让客户很不满，进而放弃购买。

所以，机会成交术也要掌握好度，如若对客户造成过大的心理压力，反而不好。那么，在运用机会成交术时，需要注意什么呢？

1. 实事求是。不要为了留住客户就胡编乱造，更不要随意限制客户的选择权。只需让客户意识到，销售员所提示的最后机会只是在向他提供重要的信息，目的在于帮助他们做出明智的决定。

2. 重点推销。直接向客户提示成交机会，展开重点推销，激发客户的购买欲，刺激客户快速购买。

3. 语气。机会成交术是逼单策略，态度过于强硬，就会让客户觉得自己像是在被威胁一样，这样还如何成交？所以，态度要诚恳，客户才知道你是真的为他好，才能下定决心购买。

3. 保证成交术：承诺策略

在购买过程中，客户都存在一种心理，都希望能得到保证，保证产品质量是好的，保证买回去后不会后悔。其实，很多时候，客户并非让你证明产品有多好，他们更需要的是销售员给予的保障与承诺。

比如说，一款产品，销售员承诺多少天包换，多少天包退，保修期是多少年……这样就增加了成交力度。这也就是所谓的保证成交术。

保证不是随口一句话

保证成交法不是随口一句话就将客户打发了，而是直接向客户提出成交保证，对客户所承诺的承担交易后的某种行为必须是真实有效的，否则，即便客户当即购买了，也会产生很多后续麻烦。

保证成交法主要是为客户提供心理保障，让客户放心购买。面对客户最后的质疑，销售员可以这样说："您完全可以放心，您是我接待的客户，后续事宜都由我全权负责，我在公司已经工作六年了，这里有很多客户都是由我服务的。"再比如送货问题的保证："您放心，保证 × 月 × 号之前一定给您送到，我们有专门的送货部门，我会提前协调好，而且安装过程也会由我来亲自监督，有什么问题我也会及时向领导反映的。"

保证不能是虚无的，要让客户觉得你是直接参与者，才能放下戒心，立即成交。从根本意义上来讲，销售员推销产品就是在销售承诺，客户接受了产品，就是出于对销售员的信任。所以说，保证就是最基本的成交法。而我们现在所说的保证成交法，就是产品基础特性承诺之外的承诺。那么，主要是指哪些方面呢？

1. 送达与安装。"我们将保证 × 月 × 号发货，预计三天后送达。""付款后我们保证将会有专人上门安装。"这些保证让客户无后顾之忧。

2. 售后服务。"如发生故障，拨打售后电话，维修人员保证 24 小时内到达。""产品保修期为 × 年，保修期间提供免费维修服务，因质量原因需更换零件的，保证免费更换。"优质的售后保障也是让客户下单的一大理由。

3. 优惠条件购买其他产品。"此次您购买，将会享受我们公司紧俏产品的优先选择权。"

保证成交法运用得好，就可以增加产品说服力，尤其是销售员信誓旦旦承诺可以为客户带来哪些利益的时候，通常可以快速成交。反之，当销售员不敢或是不愿做出承诺时，客户就会丧失信心，进而中断交易。

保证注意事项

任何一种成交方法都不是绝对的，也不是无往不利的，稍有不慎，就有可能满盘皆输。所以，在运用保证成交法时，需要注意以下事项：

1. 注意客户心理变化。销售员向一位客户推销产品，一系列的优惠条件都说了，客户还是慢条斯理地看着产品。销售员以为客户不愿购买，于是进一步承诺了一项优惠条件。客户不动声色地签单了。由此看出，当销售员没有把握住客户的心理，自以为是，就会做出不利于自己的承诺。

2. 讲求事实。在销售过程中，虽然很多客户更多的是关注附加值，但如果过于夸大，客户就很难相信。如一个推销台灯的销售员承诺三天后送客户一台电脑，这一听就很难让人相信。承诺必须有理有据，保证必须从实际出发。胡乱承诺，就属于骗，没有诚信，何来客户？

3. 把握好度。过度承诺会使销售员承担过于繁重的事务，即便有能力实现，但不利于业务的开展。销售员要做的是有效承诺，而非过度承诺。

4. 假设成交术：设想策略

所谓的假设成交术就是假设客户已经决定购买产品了，通过这种方法可以让客户提前进入享受产品的状态，暗示客户在签单后就可以享有某种权利。

假设成交术可以使双方的沟通进入到实质性阶段，提问也是步步深入，让客户的思维处于高效运转中，不得不做出反应。这一方法使得推销效率大大提高，在良好的氛围里，成交信号直接转化为成交行为，在短时间内达成交易。

假设客户已经购买产品了

销售到了最后阶段，你已经将产品价格、性能等都给客户讲清楚了，客户基本上做出了购买决定，此时你就可以说："王先生，那就不耽误您的时间了，您看是希望今天就送货呢？还是明天？"客户无论回答哪一个都代表成交了。此时最忌讳问客户："您决定了吗，要不要买？"

这是很明显的假定成交法，这一方法的运用会使成交率大大提高。在交易过程中，如果总是问客户买还是不买，客户的回答大多是"再看看"，或是直接否定。这样的问句就给了客户否定拒绝的机会。可是，假定客户已决定购买，然后给客户提供肯定的选择，比如："如果我们公司可以为您的××提出最有利的条件，我们是否就算成交了？"如果客户回答"是"，那么，你只需定出对客户某方面最有利的条件即可。也可以说这是测试成交的方法，简言之，就是"如果我可以做到……我们就可以成交？"如果答案是否定的，那么，就不需继续问了，说明方向错了，需要另找客户最关心的条件是什么。

如果购买……就可以……

如果客户已经接受了产品的相关条件，在同意购买的基础上，提出一些关于成交的具体问题。比如"刘先生，您看，假如用了这套产品，您就可以节省成本……"这样的询问可以使客户的购买顾虑减轻不少。在使用这一方法时，最后的问题要避开主要问题，主要从细枝末节或是后续问题入手。

在使用假设成交术时，当客户选择购买时，不要觉得惊讶，积极的假设更利于销售。当一个人走进餐厅，服务员会热情询问你是否点菜，试想一下，作为客户的你会吃惊吗？不会。原因很简单，服务员知道你来这里的原因，而且假设你一定会点菜。因此，销售工作也是如此，要假设客户一定会购买。在销售工作中，销售员常常会担心客户不会购买而压力倍增，然后给客户施加压力。过于激进的逼单会让客户很不满。相反，如果一开始就假设客户会购买，就无需对客户施压，当对话向着积极的方向发展时，销售也就会变得越来越顺利。比如可以对客户说：“我可以为您延长保修期的，这笔投资虽然不大，但非常划算。”却不能这样说：“你需要延长保修期吗？”虽然意思一样，但说出来的感觉完全不同。

假设成交术虽可以短时间里达成交易，但需要注意的是，如果销售员对于客户所发出的购买信息把握得不够准确，很可能就会惹恼客户，甚至没有转圜的余地。所以，在使用这一策略之前一定要精准把客户的信息与需求，对客户发出的成交信号给予准确的判断，语气要温和，过于强硬会引起客户的不满。

5. 富兰克林成交术：分析策略

为什么卖同样的产品，客户会选择竞争对手？为什么这家饭店的饭菜不是最便宜的，却总是人满为患？很多时候，客户只是随便逛逛，到最后却发现满载而归，一开始也没想买东西，可一旦决定买了，总会有一些理由支持你去购买。

在销售过程中，当交易进行到最后一步，客户有了成交的意思，但依然迟迟不下单，此时，销售员可以站在客户的角度，为客户进行理性分析，即运用富兰克林成交术，为客户衡量得失，这一方法一旦奏效，会使客户立即购买。

看看富兰克林是如何做的

在面对选择，下某个决定，或是准备去做一件陌生的事的时候，大多数人都会迟疑。因为不知道将面临什么样的后果，所以举棋不定。那么，我们来看看富兰克林，这位美国史上最伟大的领袖之一，他在面对决定时是如何做的。

富兰克林有个习惯，就是在面临抉择时，他会取一张白纸，并在中间画一条线。然后将决定的好处写在线的左边；决定的坏处写在线的右边，对比下来便能轻而易举下决定了。这一方法运用到销售中也会起到很好的作用。

富兰克林成交术是站在理性角度去分析问题，凡事都有正反两面，再好的产品也要明白众口难调。所以，销售员可以鼓励潜在客户去考证产品的正反两面，从而让客户明白，购买才是最明智的选择。在下决定购买的那一刻，客户总会犹豫，此时，你可以拿出一张纸，从与客户之前的交流中获取的信息来分析，让客户将购买的理由写在左边，不购买的理由写在右边，当然，在写购买理由时，你可以适当帮助客户回忆优点，至于不购买的理由，就可以让客户自行处理。

面对客户写出的缺点，不要去急于否认，而是要淡化这些缺点。客户很快就会发现，购买理由远远多于不购买理由，他们自然会选择购买。

对比之下还有什么理由不购买呢

在面临选择的时候，人们会下意识去衡量得失，当客户因为某些原因而无法做出购买决定的时候，不妨递给客户一张纸、一支笔。

“郑先生，我有一个很简单的方法可以帮您做决定，您试一下如何？”此时，客户都会很感兴趣，想知道你所说的简单的方法是什么。

拿出纸和笔让客户写出支持购买的理由和不支持购买的理由。

客户边写边念：“优点一：款式新颖；优点二：价格便宜……”然后写缺点。通常情况下，优点都会远远多于缺点。此时销售员就说：“郑先生，看来您已经做出决定了，那什么时候给您送合适呢？”然后，销售员就可以边写合同，边询问相关问题，直到客户签字。

富兰克林成交术在销售的运用中起到了很好的效果。其实，在写优缺点时，销售员可以自己写优点，让客户写缺点，这样的说服力更强些。在时间与信息的限制下，客户所想到的缺点非常有限，对于销售员是很有利的。

对于不知道如何选择的客户来讲，富兰克林成交术可以快速打动客户的心，立即做出决定。这一方法看似复杂，实则理性，对果断型、分析型的客户较为适用。在购买的过程中，客户需要足够的理由支撑自己的决定，理由越充分，购买的决心就越大。

6. 利益成交术：成本策略

有这样一句话：无利不起早。就客户而言，也是如此。拿客户的心理来讲，购买产品首先想的是这件产品自己能不能用得上？这件衣服穿上后漂不漂亮？这台家电买回去实不实用？不管买什么东西，客户最为关心的还是自己能从中得到什么，产品能为自己带来何种利益。

你的产品能为客户带来什么

销售的目的是成交，与客户的沟通不是仅仅为了让客户知道你是做什么的，客户对你是如何做的也不感兴趣。客户关心的是，他们可以从你的产品或是服务里得到什么？你能做什么不重要，重要的是，客户想知道你可以为他们做什么？

当销售员直白地向客户推荐某产品，将产品的功能、特征一一向客户介绍时，客户往往会毫不犹豫地说："我不需要计算机（洗衣机、化妆品）。"大多数的销售员在推销的过程中都只是将产品的具体特征告诉给客户，比如说产品是什么材质的，产品的规格等等。从某种意义上来讲，销售员只是告诉了客户他推销了一件什么样的产品，却没有告诉客户最重要的事，就是这件产品能为客户带来什么利益？

秋去冬来，两位老人想去买电褥子，在一家店里看了好久，听着销售员的介绍："这款是自动控温的，这里有两个开关，可以水洗……"听完后，两位老人说："我们再看看。"

两位老人来到另一家店里，拿了同一款产品来看，销售员微笑走过来说："这款产品是自动控温的，不用担心温度过高或过低，还特别省电；您看这有两个开关，各一头，开启关闭都非常方便；我们采取的面料是可以水洗的，不用再花钱去专门清洗，来年用时还跟新的一样；而且保管起来非常方便，也不易变形……"两位老人听完后当即决定购买。

两件产品一样，结果却大相径庭。产品同质化越来越严重，对于客户来说，产品选择空间也越来越大，在客户心里，同类产品大多功能相差无几。一味给客户介绍产品特征，这并非是客户主要关心的。换个角度，用利益吸引客户，就会事半功倍。利益成交术的运用，会使客户快速做出决定。比如说，客户买空调，目的是产品可以节省电费。可是，你一味给客户介绍产品外观、制冷效果，客户当然不买账。如果你告诉客户："我们的产品将会为您每天节省 × 度电。"相信客户会很乐意接受。

客户最关心的就是你最应该明白的

每个人的关注点都不一样，也就是说，每个客户关注的利益点是不同的，有的客户在乎的是售后，有的客户在乎的是升值……只有正确鉴别客户利益，才能对症下药，快速成交。一般而言，提供给客户的利益有以下两个方面：

客户能从中得到什么利益。利益范围很广，比如客户购买的感觉、效率的提高、能赚钱、节省时间……这主要是从"获取"的角度出发，客户可以从产品中获取什么利益。

客户能规避何种风险。从另一个角度讲，利益也有可能是解决某种问题的方案。比如客户处于某种困境，它便可以使客户从困境中走出，或是从正在从事的某件事务当中避免损失。比如说，推销某个软件，客户本不愿购买，便可以从这方面出发，告诉客户，你的软件可以让客户规避某种风险，成交的可能性会大大提高。一般来讲，与承诺相比，有效减少客户的损失则更具有说服力。

只有真正了解客户的需求才能做到快速成交，况且，不同的客户需求也不同。

比如一位电器销售员如果面对的是工业用途的客户，他关心的重点就是节约费用、增加收益，那么，销售利益就应该从降低费用、提高质量方面入手；如果面对的客户是中间商，他关心的重点就是利润，那么，销售利益就应该从丰厚的利润、服务、潜在市场等方面入手；如果面对的客户是个体，他关心的就是使用价值，那么，销售利益应该从产品使用寿命、安全方便等方面入手。

再比如，客户关心的价格问题，在无法让价的时候，客户还是觉得价格高，作为销售员就可以说："我们这个品牌的产品确实要比同类产品价格高一些，但我们在市里有多个授权的维修中心与配件中心，购买产品后，不用担心任何问题，任何关于产品的问题都可以打售后电话，24 小时内会为您尽快解决。所以，在使用产品的过程中，您的工作不会受到任何影响，更不会对您造成任何损失。"面对销售员的这番话，客户通常不会再反驳。

市场竞争下，单纯地、重复地向客户介绍产品卖点已经行不通了，想要让客户记住你，记住你的产品，就要学会画饼，让客户体会到切实的利益，从而快速成交。一位销售员推销的产品，特点是省电、环保、安全。面对客户，他只是先简单地作介绍，然后开始与客户闲聊，取得客户信任后，就这款产品而言，销售员给客户算了一笔经济账，客户听后觉得不错，便不再犹豫，很快掏钱购买了。

每位客户都有不同的心理需求，对这位客户有益，不一定对其他客户也有益，所以，使用利益成交术时，要先掌握客户的心理需求，了解客户最关心的利益，再将产品特点与客户的利益关注点相结合，才能促进快速成交。

7. 打铁成交术：放弃策略

在生活中，总有一些人办起事情来犹豫不绝，他们心里相信面前的产品无论是质量、服务都是很好的，也相信购买产品后对自己有所帮助，可就是迟迟没有购买的决定。不购买的原因有很多，任由说破嘴皮，客户依然无动于衷。此时，不妨采取打铁成交术，适时放弃，让对方感觉到你的“不在乎”，压制客户的不购买原因，快速成交。

把好最后一关

在所有的销售环节中，成交是最后且最重要的一环，到了这一环节往往气氛较为紧张，双方争取着各自的利益。作为销售员，如果只考虑自己，会在很大程度上影响成交的可能性。一些销售员之所以失败，并非不够专业，也不是工作不到位，而是在成交环节出了问题。如何让客户说“我愿意”？技巧很重要。面对优柔寡断的客户，明明对产品有很大的兴趣，但却迟迟不下决定。此时，如果继续游说，只会让客户更加反感。不妨故意收拾东西，给客户一副要走的模样，这种放弃策略会让客户立刻下决心购买。

一位销售员向一位客户推销产品，交谈了半个多小时，销售员将产品之于客户的好处，客户要选择的理由等都一一给客户作了分析。从客户一直把玩着产品的情况来看，客户对产品是很感兴趣的。可是，当销售员问客户是否签单时，客户却沉默了。

销售员又说了几句客套话后，起身收拾资料，他说："如果您还犹豫的话，我就只能……"说完，准备起身走。客户却开口说话了："我没说不买，你刚才说现在下单有优惠，是吧？那就现在签吧。"就这样，一单生意谈成了。

有很多销售员觉得，面对客户的拒绝，或是成交一刻的犹豫，应该穷追猛打，这样才能让客户签单。其实，有时候"放弃"也是一种智慧，让客户感受到你的"冷漠"，更能体现你产品的价值。

让客户适时感受"冷遇"

在实际的销售工作中，目的就是为了签单，为了达到目的，很多销售员会使用密集轰炸的方式，不停地在客户耳边重复产品如何如何好，不买的话会如何后悔，这样反而让客户很反感。尤其是第一次接触的客户，通常防备心都很重，过于"热情"会吓到客户的。

张先生目前开的车经常出小故障，于是决定换一辆新车。有几家汽车销售公司知道了这个消息，纷纷上门推销汽车。有几个销售员对张先生说，自己公司的汽车外观多么的大气，性能多么的好，绝对适合张先生开。当看到张先生的旧车时，还露出嘲笑的表情，说："您这辆车早该淘汰了，完全不符合您的身份，您看这车身都破成什么样了……”这样的话让张先生听了很不舒服，一一拒绝了这些推销员。面对张先生的拒绝，一些推销员还不死心，还在一旁喋喋不休，说张先生此时不买很可惜……张先生依然不为所动，他们只得悻悻离开了。

过几天又来了一位推销员，张先生很反感，态度更加不好。张先生心想：无论你怎么说，我都不会买你的汽车的。可是，这位推销员与之前几位完全不同，他只是将自己公司的几款畅销车的图片给张先生看。当看到张先生那辆“破车”时，他说：“您这车子看起来还不错，再开上一年半载应该不成问题，我看到那时我再过来吧。”说完，给张先生留了名片准备走。

诧异的张先生叫住了这位推销员，说：“我觉得还是得换一辆车，我看图片上这款车就不错。”说完手指着推销员刚才留下的图片中的一款。接着沟通很顺利，张先生试了车没问题，全额付款，将车开走了。